독자의 요청에 따라 당신의 영어공부와 발음에 도움이 되기 위하여
이 책의 **원어민 저자**와 **원어민 저자의 친구**가 녹음을 했습니다.

Thomas Frederiksen

남자 부분의 녹음은 이 책의 저자이
며 착한 영어 시리즈 형제 중의 한 사
람인 토마스입니다.
코펜하겐 비즈니스 스쿨 학사, 석사.

드라마 및 영화 배우
EBSlang 기본생활영어 인터넷 강의
eduTV 착한여행영어 강의

Natalie Grant

여자 부분의 녹음은 미국 애리조
나주 출신으로 현재 국제관계학의
석사 학위를 가지고 있으며, 서울
에서 영어를 가르치고 있는 내털리
입니다.

㈜진명출판사 book@jinmyong.com으로 메일을 주시면 mp3파일을 보내드립니다.

토마스와 앤더스의

착한 기초영어 첫걸음

초판 인쇄 | 2016년 11월 25일
4쇄 발행 | 2021년 3월 15일

저　　자 | Thomas & Anders Frederiksen
번　　역 | Carl Ahn
발 행 인 | 안광용(010-4425-1012, carl-ahn@hanmail.net)
발 행 처 | ㈜진명출판사
등　　록 | 제10-959호 (1994년 4월 4일)
주　　소 | 서울시 마포구 양화로 156, 1517호(동교동, LG팰리스빌딩)
전　　화 | 02) 3143-1336 / FAX 02) 3143-1053
이 메 일 | book@jinmyong.com
총괄 이사 | 김영애
마 케 팅 | 한지우
디 자 인 | 디자인스웨터

ⓒ Thomas & Anders Frederiksen, 2016
ISBN 978-89-8010-486-4

토마스와 앤더스의

착한 기초 영어

PureandSimple Beginner's English

첫걸음

저자 | Thomas & Anders Frederiksen
번역 | Carl Ahn

ViM (주)진명출판사

이 책의 출간을 축하하며...

Thomas & Anders 형제와 함께 영어 교재를 만들기 시작한지 어느덧 10년이 되었습니다.

열한 번째   Service English
열   번째   (업그레이드 된) 기초영어 회화
아홉 번째   (관용어와 격언의) 미국영어 회화
여덟 번째   (A, B, C부터) 기초영어 첫걸음
일곱 번째   (교재용) 여행영어 회화
여섯 번째   (뉴욕 1년간 생활기록) 생활영어
다섯 번째   (매우 기초적인) 영문법
네   번째   (남미 5개국 여행편) 여행영어일기
세   번째   (한 단어, 두 단어, 세 단어로 이루어진) 1-2-3 쉬운 생활영어
두   번째   (틀린 영문 간판을 찾아라) 영어 파파라치
첫   번째   (포켓판) 여행영어

일본에서는 2015년 3월부터 착한시리즈 중 세 번째인 『착한 1-2-3 쉬운 생활영어』가 일어로 번역되어 판매되고 있습니다.

중국에서도 이후 2016년 3월에 착한시리즈 중 첫 번째 『착한 여행영어』와 세 번째 『착한 1-2-3 쉬운 생활영어』가 출간되었습니다.

'착한 기초영어 첫걸음'(Pure and Simple Beginner's English)은 영어를 가장 처음부터 시작하는 분, 또는 학교 때부터 오랫동안 영어와 담을 쌓고 지내셨던 분들을 위해 기초적인 A, B, C부터 시작할 수 있도록 만들었습니다.

이 책을 통해 많은 독자 여러분들이 영어공부를 새롭게 시작하는데 있어 부담 없이 쉽고 즐겁게 접할 수 있을 것이라 확신합니다.

이 책 탄생의 저자 Thomas와 Anders, 특히 번역을 도와준 현장에서 영어를 가르치는 최현정(Monica), 디자인을 맡아준 디자인스웨터의 김석현 디자이너에게 깊은 감사를 전합니다.

무엇보다 이 책을 선택해주신 선생님들, 독자 분들에게 감사를 드립니다.

㈜ 진명출판사
대표이사 안 광용

착한 독자들께,

"토마스와 앤더스의 착한 기초 영어 첫걸음"을 추천해드리게 되어 영광입니다.

제가 여기 미국에서 삶의 터전을 잡고 일하게 된지도 수많은 세월이 지났기에 영어로 의사소통을 함이 어떤 의미와 가치가 있는지 잘 알고 있습니다. 그런 이유로 저는 여러분 모두가 영어라는 멋지고 유용한 언어를 배우는데 기꺼이 시간을 할애하도록 격려하고 응원하고 싶습니다.

음악이든 새로운 언어 학습에 매진하는 것이든 시작은 전혀 쉽지가 않습니다. 아마 여러분들은 지금 약간 긴장이 되실 것입니다. 그리고 여러분이 정한 목표에 이를 때까지 얼마나 많은 시간과 수고를 들여 노력해야 하는지도 인식하고 있을 것입니다. 그러나 여러분이 그 시작에 제대로 다가간다면 그 도전은 결국 즐거움으로 드러날 것입니다!

이 책이 여러분의 외국어 학습의 시작으로의 첫 중요한 발걸음으로 바르게 인도할 것으로 확신합니다. 이제 "토마스와 앤더스의 착한 기초 영어 첫걸음"과 함께 영어라는 모험을 시작해보세요!

In-Hong Cha 차 인 홍

자서전「휠체어는 나의 날개」

| 약력 |

- 미국 Wright 주립 대학교 음대교수
- 미국 전역과 해외에서 활발하게 지휘 및 연주활동
- St. Petersburg Philharmonic Orchestra 와 Venezuela Symphony Orchestra 지휘 음반
- South Carolina 대학 관현악 지휘 D.M.A
- Brooklyn College(CUNY) 바이올린 연주 M.A
- University of Cincinnati 현악 Artist Diploma
- 대전시립교향악단 악장 역임
- South Carolina 필하모닉 오케스트라 Principal Second Violin 역임
- KBS 와 SBS TV 에서 그의 삶을 조명하며 'Human Victory' 다큐멘터리를 제작 전국방영
- 자서전 'Beautiful Man and Beautiful Success, 휠체어는 나의 날개'가 한국에서 출간되어 베스트셀러가 됨
- 2007년 한국 정부로부터 해외에서 가장 성공한 한국인 재외유공동포상 대통령상 수상
- 장애인 아시안게임 휠체어장애물경기 금메달리스트

여러분들은 새로운 언어를 배울 때 어떻게 하나요?

　마치 우리가 첫 걸음마를 배울 때처럼 새로운 언어를 배울 때의 최고의 방법은 매번 조금씩 앞으로 한 걸음 한 걸음 나아가는 것입니다.

　남동생인 앤더스와 저는 지식이 전혀 없는 상태로 한국어와 세계 여러 나라의 언어를 배우려고 시도해 왔습니다. 그러한 경험을 바탕으로 우리는 이 책을 새로운 언어를 직접 배우고 학습했을 때의 경험으로 구상하기 시작하였습니다. 그래서 각 과를 몇 가지의 기본적인 문장과 그에 대한 문장 구조의 설명으로 시작하였으며, 이러한 기본적인 구조들을 대화문으로 확장해 보았습니다. 이 문장의 구조가 이해된다면 여러분들은 비로소 학습한 내용을 응용하여 자신만의 문장을 만들 준비가 된 것입니다.

　반복하고 응용하는 학습 전략은 여러분이 익힌 새로운 지식을 유지하는 데 큰 도움이 될 것입니다. 또한 여러분들은 큰 소리로 문장을 읽고, 새로운 구문을 반복하며 학습하고 나만의 문장으로 응용할 수 있도록 하며, 연습문제를 풀어감으로 학습한 내용을 점검할 기회를 갖게 될 것입니다.
　우리는 이러한 접근법이 교사들이 학습자들을 지도하기 쉽게하며 학습자들은 학습하기에 어렵지 않을 것이라 믿습니다.

　여러분들이 영어 학습의 첫걸음을 우리의 새 책으로 즐겁게 시작하기를 바랍니다. 그런 작은 걸음들이 모여 더 멋진 영어로의 행복한 발걸음으로 이어지게 하는 여러분 자신의 모습을 발견할 수 있기를 진심으로 기원합니다.

이 책의 각 과는 동일한 형식으로 구성되어 있습니다. 이 책으로 최대의 학습 효과를 얻으려면 지침을 잘 읽어보시기 바랍니다.

각 과는 4페이지로 이루어집니다. 첫 페이지는 각 과에서 학습할 내용을 보여주며, 두번째 페이지는 문법과 단어를 설명합니다. 세번째 페이지의 예시 대화문은 학습한 문장을 어떻게 활용할 수 있을지 보여줍니다. 네번째 페이지에서는 학습자 스스로가 활용하여 문장을 만들수 있도록 추가적인 단어를 수록하였으며 더불어 간단한 연습 문제로 대화를 만들수 있도록 도와줍니다. 이 구성방식은 (1)새로운 문장의 패턴을 소개하고, (2)문법을 익히며, (3)대화에서 어떤 방식으로 활용되는지 알려주며, (4) 학습자 스스로가 자신만의 문장을 만들수 있도록 도와줍니다.

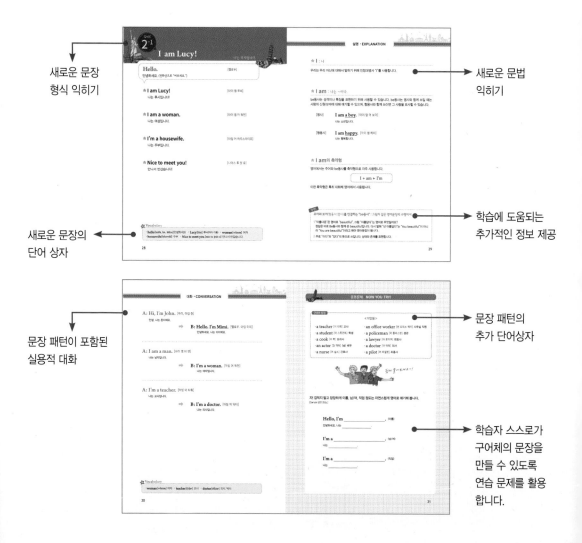

새로운 문장 형식 익히기

새로운 문장의 단어 상자

새로운 문법 익히기

학습에 도움되는 추가적인 정보 제공

문장 패턴이 포함된 실용적 대화

문장 패턴의 추가 단어상자

학습자 스스로가 구어체의 문장을 만들 수 있도록 연습 문제를 활용합니다.

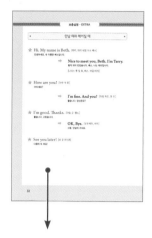

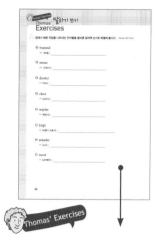

- **Extra Section**

  특정한 주제에 초점을 맞춘 짧은 학습을 담았습니다. 이 부분은 각 과의 주요 학습내용에 추가하는 내용들을 보여줍니다.

- **Thomas' Exercises**

  각 과에서 학습한 내용에 근거한 2페이지의 실용적인 연습 문제로 구성됩니다.

각 과의 후반부마다 학습자들이 어떻게 학습하였는지 평가할 수 있습니다.

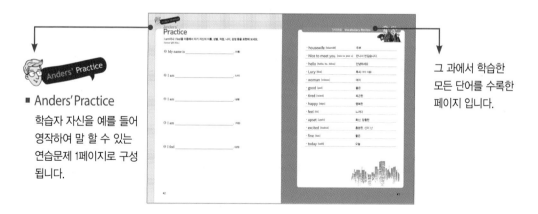

- **Anders' Practice**

  학습자 자신을 예를 들어 영작하여 말 할 수 있는 연습문제 1페이지로 구성됩니다.

그 과에서 학습한 모든 단어를 수록한 페이지 입니다.

- **쉬는시간**

  각 과의 학습이 끝나면 우리에게 잘 알려진 영화, 영어 노래, 음식점 이름, 그리고 콩글리쉬 표현들을 이용하여 다른 관점으로 즐겁게 영어를 살펴 볼 수 있는 쉬는 시간이 있습니다. 이 부분은 수업 중 학습자들의 대화나 토론을 장려하기 위함입니다.

목 | 차

알파벳과 발음기호

Introduction to English - Reading,
[ìntrədʌkʃən]   [íŋgliʃ]   [rédiŋ]
Writing and Speaking.
[ráitiŋ]   [spíːkiŋ]

❶ 영어알파벳

영어 알파벳은 26개로 이루어져 있으며, 5개의 모음(a, e, i, o, u)과 21개의 자음으로 나뉘어져 있습니다. 하지만 모음은 다양한 발음으로 폭넓게 쓰입니다.

A a 에이 [ei]   **B b** 비이 [bi:]   **C c** 씨이 [si:]   **D d** 디이 [di:]   **E e** 이이 [i:]

apple [ǽpl] 사과   **boy** [bɔi] 소년   **car** [kɑːr] 자동차   **dog** [dɔ(ː)g] 개   **egg** [eg] 달걀

F f 에프 [ef]   **G g** 쥐이 [dʒiː]   **H h** 에이취 [eitʃ]   **I i** 아이 [ai]   **J j** 줴이 [dʒei]

fish [fiʃ] 물고기   **gate** [geit] 문   **horse** [hɔːrs] 말   **ice** [ais] 얼음   **joke** [dʒouk] 농담

K k 케이 [kei]   **L l** 엘 [el]   **M m** 엠 [em]   **N n** 엔 [en]   **O o** 오우 [ou]

kiss [kis] 입맞춤   **leg** [leg] 다리   **mom** [mɑm] 엄마   **nap** [næp] 낮잠   **orange** [ɔ́(ː)rindʒ] 오렌지

P p 피이 [pi:]　　**Q q** 큐우 [kju:]　　**R r** 알 [ɑːr]　　**S s** 에스 [es]　　**T t** 티이 [ti:]

play [plei]
놀다

queen [kwiːn]
여왕

rat [ræt]
쥐

sun [sʌn]
태양

tan [tæn]
햇볕에 태우다

U u 유우 [ju:]　　**V v** 브이 [vi:]　　**W w** 더블류 [dʌbljùː]　　**X x** 엑스 [eks]　　**Y y** 와이 [wai]

uniform [júːnəfɔ́ːrm]
제복

violin [vàiəlín]
바이올린

win [win]
이기다

x-ray [eks-rei]
엑스레이

yo-yo [jou-jou]
요요

Z z 지 [zi:]

zoo [zu:]
동물원

❷ 쓰기 연습

다음의 알파벳을 번호 순서에 따라 함께 써봅시다.

Aa Bb Cc Dd

Ee Ff Gg Hh Ii

Jj Kk Ll Mm Nn

Oo Pp Qq Rr

Ss Tt Uu Vv

Ww Xx Yy Zz

Anders

English

Good morning!

How are you?

This is my book.

❸ 영어 발음기호 읽는 법

(1) 모음편

발음기호	한글소리	예시단어	발음기호	한글소리	예시단어
[ɑ]	아	box[bɑks / bɔks] 상자	[ə]	어	finger[fíŋgər] 손가락
[e]	에	bed[bed] 침대	[ʌ]	어	bus[bʌs] 버스
[i]	이	pig[pig] 돼지	[ɔ]	오	ball[bɔːl] 공
[o]	오	snow[snou] 눈	[ɛ]	에	air[ɛər] 공기
[u]	우	book[buk] 책	[æ]	애	map[mæp] 지도

발음기호	한글소리	예시단어	발음기호	한글소리	예시단어
[b]	브	bag[bæg] 가방	[z]	즈	zoo[zuː] 동물원
[p]	프	peace[piːs] 평화	[s]	스	star[stɑːr] 별
[d]	드	dog[dɔ(ː)g, dɑg] 개	[ʤ]	쥐	giant[ʤáiənt] 거인
[t]	트	ten[ten] 열, 10	[(h)w]	흐/으	what[hwət] 무엇
[j]	이	yellow[jélou] 노랑	[θ]	스(무성음)	three[θriː] 셋, 3
[l]	러, 르	lion[láiən] 사자	[ð]	드(유성음)	mother[mʌðəːr] 어머니
[m]	므	milk[milk] 우유	[h]	흐	happy[hǽpi] 행복한
[n]	느	neck[nek] 목	[g]	그	game[geim] 경기
[r]	르	rain[rein] 비	[ŋ]	응	sing[siŋ] 노래하다
[v]	브	victory[víktəri] 승리	[tʃ]	취	watch[watʃ, wɔːtʃ] 시계
[k]	크	King[kiŋ] 왕	[ʃ]	쉬	dish[diʃ] 접시, 요리

(2) 모음과 자음의 조합에 따라 발음이 달라집니다.

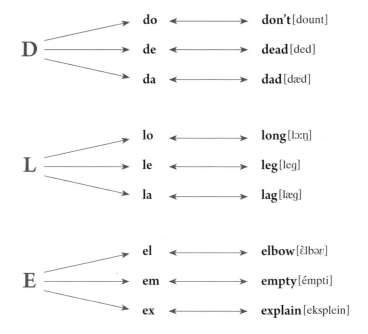

단어의 끝소리는 라임을 이루는 경우가 있습니다.

- **-ad** : dad, mad, sad, glad
- **-eg** : leg, egg, beg, peg

마지막으로, 몇몇 자음들은 한 덩어리로 새로운 소리를 낼 수 있습니다.

- **ch** [tʃ] : church [tʃəːtʃ], child [tʃʌrld]
- **sh** [ʃ] : shirt [ʃəːt], ship [ʃíp]
- **th** [θ] : thanks [θaŋks], thief [θiːf]

(3) 한글 표기가 힘든 발음들

① sink[siŋk] 가라앉다 *vs* **think**[θiŋk] 생각하다

[s]와 [θ]의 발음은 한글 표기도 힘들고 정확한 발음을 하기가 힘든 편입니다. 둘 다 목소리가 울리지 않는 무성음이라서 끝소리가 "흐" 소리 같은 느낌이 있지만, 혀의 움직임이 차이가 납니다. 전자는 혀가 치아 뒤 쪽에 위치한 채로 "스(흐)"라고 소리 내는 듯한 느낌이며, 후자는 혀가 윗니와 아랫니 사이에 대고 양 옆으로 새어 나오듯 "뜨(흐)"처럼 느껴지듯 발음합니다.

② best[best] "good"의 최상급 *vs* **vest**[vest] 조끼

[b]와 [v] 역시도 한글 표기로 구분할 수 없는 발음이고 목소리가 울리는 유성음입니다. 따라서 발음하는 방법으로 구분할 수 밖에 없습니다. 전자는 무성음인 [p]와 발음하는 방법이 거의 같지만 목소리를 울려야 하는 발음입니다. 따라서 두 입술을 붙인 상태에서 "브"처럼 발음합니다. 하지만 후자는 윗니로 아랫입술을 살짝 물면서 "븨"와 비슷하게 발음합니다.

③ full[ful] ~가 득찬 *vs* **pull**[pul] 끌다

[f]와 [p]역시도 한글 표기로는 구분이 힘든 공통점이 있습니다. 위의 ②번의 발음과 짝을 이루는 무성음이라는 점도 비슷합니다. [b]와 [p]서로 비슷하게 발음하며 유성음과 무성음이라는 차이가 있습니다. 마찬가지로 [f]와 [v]도 유성음과 무성음이며 발음 방법도 유사합니다. [f]는 발음은 [v]와 유사한 입모양이며 "프(흐)"처럼 하시면 됩니다. [p]는 [b]와 비슷한 입모양에서 "프(흐)"처럼 발음합니다.

④ light[lait] 빛 *vs* **right**[rait] 오른쪽/바른

[l]과 [r]도 한글 표기로는 구분이 불가능하며 [r]발음은 한국말에는 없어서 더욱 힘든 점이 있습니다. 둘 다 목이 울려서 내는 유성음으로 비슷한 점이 있지만, 소리를 내는 방식이 많이 다릅니다. 보통 단어의 첫 자음으로 올 때 전자는 "을"이라는 말할 때 입모양과 비슷하게 "(을)라잇"처럼 소리내면 비슷하게 들리며, 후자는 "우"하는 입모양과 같게 해서 "(우)롸잇"처럼 발음하면 비슷하게 들립니다.

④ 영어로 글쓰기

영어글쓰기는 문장과 문단으로 구분됩니다. 문장은 마침표로 끝마칩니다. 문장의 시작은 대문자로 합니다. 문장은 대부분 다음과 같은 구조로 이뤄집니다.

> 주어 + 동사 + 목적어

I + like + you. 나는 너를 좋아한다.
He + has + a car. 그는 차를 가지고 있다.

의문문은 의문문 부호 "?"로 문장이 끝납니다. 또한 의문문의 문장 형태도 다릅니다. 주어와 동사의 위치에 변화가 있습니다. 자세한 내용은 7장에서 다룹니다.

> be동사 + 주어 + 보어

Are + you + a man? 당신은 남자입니까?

> 조동사 + 주어 + 본동사

Can + she + sing? 그녀는 노래할 수 있습니까?

쉼표 ","로 들어가는 문장은 한 문장의 별도의 부분으로 쓰이는 경우이고, 감탄문의 경우는 "!"로 문장이 끝납니다.

My son, how are you? 내 아들, 안녕?
Help me! 도와 주세요!

대개 사람이름이나 고유명사는 대문자로 시작하며, 요일이나 월(月)이름도 마찬가지입니다.

George Bush 조지 부시(사람이름)
New York 뉴욕(지명)
Monday 월요일(요일이름)
April 4월(월(月)이름)

❺ 기수 읽는 법

(1) 기수 읽는 법

숫자영어의 첫걸음 one to ten		
아라비아 숫자	영어 표기	발음기호
1	one	[wʌn]
2	two	[tu:]
3	three	[θri:]
4	four	[fɔ:r]
5	five	[faiv]
6	six	[siks]
7	seven	[sévən]
8	eight	[eit]
9	nine	[nain]
10	ten	[ten]

❻ 한글 외래어 표기법

아래처럼 한글 사용에서 외래어 표기의 통일된 기준으로 로마자로 표기함을 알려 드립니다.

ㅓ → eo	ㅌ → t
ㅂ → b	ㅊ → ch
ㅃ → bb / pp	ㅍ → p
ㅉ → jj	ㅠ → yu (또는 yoo)
ㅈ → j	ㅜ → u (또는 woo)
ㄸ → tt	ㅆ → ss
ㄷ → d (또는 t)	ㅅ → s
ㄲ → gg (또는 kk)	ㅛ → yo
ㄱ → g (또는 k)	ㅕ → yeo
ㅁ → m	ㅑ → ya
ㄴ → n	ㅒ → yae

ㅇ → **ng**	ㅐ → **ae**
ㄹ → **r / l**	ㅖ → **yea**
ㅎ → **h**	ㅔ → **e**
ㅗ → **o**	― → **eu**
ㅓ → **eo**	와 → **wa**
ㅏ → **a** (또는 ah)	왜 → **wae**
ㅣ → **e**	외 → **oi**
ㅋ → **k**	위 → **ui**
워 → **weo**	웨 → **we**

아래 예시의 표기를 참고해 봅시다.

여우 = yeou / yeowoo	아저씨 = ajeossi
여의도 = Yeouido	한국말 = hangukmal
문법 = munbeob / munbeop	영어 = yeong-eo

한국 이름을 영어로 표기할 때는 발음을 분명하기 위해서 이름(given name)에 하이픈(-)을 넣기도 하고 생략하기도 합니다. 이름을 띄어 쓰기로 표기하기도 합니다. 아래 "홍길동"의 영어 표기를 참고로 하시면 됩니다.

홍길동 = Hong Gildong / Hong Gil-dong / Hong Gil Dong.

보통 성(family name)과 이름(given name)의 첫 글자는 대문자로 표기합니다. 이름을 띄어 쓰기 하지 않는 한, 마지막 이름은 소문자로 표기합니다.

김대중 = Kim Dae-jung / Kim Daejung.

"구"나 "동" 같은 지역 이름을 표기할 때는 사이에 하이픈(-)를 표기하는 것을 원칙으로 합니다. 하지만 산이나 강, 섬 등의 이름은 그렇지 않습니다.

경기도 = Gyeonggi-do
남이섬 = Namiseom

Thomas' 말하기 쓰기
Exercises

A 아래 주어진 우리말을 외래어 표기법으로 써 보세요. [Sample 답안 252p.]

❶ 소다 : _____ soda _____

❷ 창문 : _____

❸ 떡국 : _____

❹ 유재석 : _____

❺ 제주도 : _____

❻ 소녀시대 : _____

❼ 자기 이름 : _____

B 아래 그림에 어울리는 단어를 빈칸에 채워 주세요.

❶

L__G

❷

D__D

❸

__ORK

C 아래 주어진 아라비아 숫자를 영어로 표기하세요.

❶ 3 = _____

❷ 6 = _____

❸ 8 = _____

❹ 1 = _____

❺ 4 = _____

❻ 10 = _____

자기소개는 미리 만들어 놓아야 할 스토리텔링입니다.
자 그럼 유용한 자기 소개를 영어로 알려 드립니다.

Let's Go!

Chapter 2

자기 자신에 대해 이야기 하기

Talking about Yourself
[tɔ́:kiŋ]   [əbáut]   [juərsélf]

I am Lucy!

나는 루시입니다.

> **Hello.** [헬로우]
>
> 안녕하세요. (전화상으로 "여보세요.")

✳ **I am Lucy!**　　　　　　　　　　　　[아이 앰 루씨]

　　나는 루시입니다!

✳ **I am a woman.**　　　　　　　　　　[아이 앰 어 워먼]

　　나는 여성입니다.

✳ **I'm a housewife.**　　　　　　　　　[아임 어 하우스와이프]

　　나는 주부입니다.

✳ **Nice to meet you!**　　　　　　　　 [나이스 투 밋 유]

　　만나서 반갑습니다!

☆ **Vocabulary**

· **hello**[helóu, hə-, hélou]안녕하세요 · **Lucy**[lú:si] 루씨(여자 이름) · **woman**[wúmən] 여자
· **housewife**[háuswáif] 주부 · **Nice to meet you**.[nais tu: jmi:t u] 만나서 반갑습니다.

❋ I : 나

우리는 우리 자신에 대해서 말하기 위해 인칭대명사 "I"를 사용합니다.

❋ I am : 나는 ~이다.

be동사는 성격이나 특징을 표현하기 위해 사용할 수 있습니다. be동사는 명사와 함께 쓰일 때는 사람의 신원(정체)에 대해 얘기할 수 있으며, 형용사와 함께 쓰이면 그 사람을 묘사할 수 있습니다.

[명사]   **I am a boy.** [아이 앰 어 보이]
나는 소년입니다.

[형용사]   **I am happy.** [아이 앰 해피]
나는 행복합니다.

❋ I am의 축약형

영어에서는 주어와 be동사를 축약형으로 자주 사용합니다.

$$I + am \blacktriangleright I'm$$

이런 축약형은 특히 대화체 영어에서 사용됩니다.

 잠깐!

주어와 보어(형용사, 명사)**를 연결하는 "be동사"** : 그림자 같은 영어문장의 수행비서

1. "아름다운"은 영어로 "beautiful", 그럼 "아름답다"는 영어로 무엇일까요?
   정답은 바로 Be동사와 함께 쓴 beautiful입니다. 다시 말해 "넌 아름답다"는 "You beautiful"이 아니라 "You are beautiful"이라고 해야 영어문장이 됩니다.

2. 주로 "이다"와 "있다"의 뜻으로 쓰입니다. 상태와 존재를 표현합니다.

A: Hi, I'm John. [하이, 아임 좐]

안녕, 나는 존이에요.

➡ **B: Hello. I'm Mimi.** [헬로우. 아임 미미]

안녕하세요. 나는 미미예요.

A: I am a man. [아이 앰 어 맨]

나는 남자입니다.

➡ **B: I'm a woman.** [아임 어 워먼]

나는 여자입니다.

A: I'm a teacher. [아임 어 티춰]

나는 교사입니다.

➡ **B: I'm a doctor.** [아임 어 닥터]

나는 의사입니다.

 Vocabulary

· **woman**[wúmən] 여자 · **teacher**[tíːtʃər] 교사 · **doctor**[dάktər] 의사, 박사

단어와 문장

《직업들》

- a teacher [어 티춰] 교사
- a student [어 스튜던트] 학생
- a cook [어 쿡] 요리사
- an actor [언 액터] (남) 배우
- a nurse [어 널스] 간호사

- an office worker [언 오피스 워커] 사무실 직원
- a policeman [어 폴리스맨] 경관
- a lawyer [어 로이여] 변호사
- a doctor [어 닥터] 의사
- a pilot [어 파일럿] 조종사

함께 풀어 보세요~!

자! 겁먹지 말고 당당하게 이름, 남/여, 직업 정도는 자연스럽게 영어로 얘기해 봅니다.

[Sample 답안 252p.]

Hello, I'm _____. (이름)

안녕하세요, 나는 _____.

I'm a _____. (남/여)

나는 _____.

I'm a _____. (직업)

나는 _____.

만날 때와 헤어질 때

❋ **Hi. My name is Beth.** [하이. 마이 네임 이스 베스]
안녕하세요. 내 이름은 베스입니다.

➡ **Nice to meet you, Beth. I'm Terry.**
뵙게 되어 반갑습니다. 베스. 나는 테리입니다.

[나이스 투 밋 유, 베스. 아임 테리]

❋ **How are you?** [하우 아 유]
어떠세요?

➡ **I'm fine. And you?** [아임 파인. 앤 유]
좋습니다. 당신은요?

❋ **I'm good. Thanks.** [아임 굿. 땡스]
좋습니다. 고맙습니다.

➡ **OK, Bye.** [오우케이, 바이]
그럼, 안녕히 가세요.

❋ **See you later!** [씨 유 레이러]
다음에 또 봬요!

❊ GREETINGS : 인사말들

어떤 사람을 만날 때 대개 hello나 hi로 인사합니다.

하루의 시간대에 따라서는 다른 인사말을 건네기도 하는데, 새벽부터 정오까지는 "Good morning", 정오에서 오후 6시까지는 "Good afternoon", 오후 6시 이후에는 "Good evening" 으로 인사합니다.

❊ Polite Introductions : 정중하게 소개하기

정중하게 자기 소개를 하기 위해서 처음 소개 시에 "Nice to meet you."라고 말합니다. 또한 그 사람의 안부를 묻기 위해서 "How are you?"라고 인사하기도 합니다.

❊ Goodbyes : 안녕(헤어질 때의 인사)

헤어질 때에는 "goodbye" 또는 "bye"라고 인사하며, 이 표현은 "God be with you(신이 당신과 함께 하길)"이라는 말을 줄여서 쓰는 표현이라고 합니다.

How are you?

기분이 어때? 별일 없으세요?

> **How are you?** [하우 아 유?]
> 안녕하세요?

✳ **I'm good.** [아임 굿]
나는 좋습니다.

✳ **I'm tired.** [아임 타이어드]
피곤하네요.

✳ **I'm happy.** [아임 해피]
나는 행복해요.

✳ **I feel upset.** [아이 필 업셋]
나는 속상해요.

✳ **I feel excited.** [아이 필 익싸이티드]
흥미진진하네요.

☆ **Vocabulary**

- **good**[ɡud] 좋은 · **tired**[taiərd] 피곤한 · **happy**[hǽpi] 행복한 · **feel**[fiːl] 느끼다
- **upset**[ʌpsét] 화난, 당황한 · **excited**[iksáitid] 흥미로운

✳ How are you? : 안녕하세요?, 어떠세요?

다른 사람을 만날 때, "How are you?"라는 표현을 상황이나 기분을 묻기 위해서 사용합니다. 대답할 때는 "I am"과 형용사로 기분을 표현할 수 있습니다. 대개는 아래의 표현처럼 짧게 답하며, 긍정적이거나 부정적인 표현들이 있습니다.

POSITIVE 긍정적인 표현	➡	I'm good. 좋습니다. I'm fine. 잘 지냅니다. I'm OK. 그럭저럭요.
NEGATIVE 부정적인 표현	➡	Not good. 좋지 않아요. Not great. 별로네요. I feel sad. 슬프네요.

✳ I feel : 나는 ~라고 느낍니다.

감정을 표현하는 다른 방식으로 feel동사와 형용사를 활용하는 방법도 있습니다.

I feel + sad. 나는 슬픕니다.   **I feel + happy.** 나는 행복합니다.

I feel + hungry. 나는 배고픕니다.

---

feel을 이용한 다양한 표현들

feel은 "손으로 느끼다"에서 "몸으로 느끼다", "마음으로 느끼다"까지 폭넓은 뜻으로 쓰이는 동사여서 잘 활용하면 자연스럽게 영어가 됩니다.

1. 신체 상태나 심리상태

   I feel fine. 좋습니다.

2. 어떤 대상이 감각을 자극할 때

   That feels nice! 그것은 촉감이 좋네요!

위의 표현 외에도 다양한 뜻이 있지만, 우선 이 정도만 알아도 "feel"이 올 겁니다.

A: Hi, Jenny. [하이, 제니]
안녕, 제니.

➡ **B: Hi, Tom.** [하이, 탐]
안녕, 톰.

A: How are you? [하우 아 유?]
좀 어때?

➡ **B: I'm tired.** [아임 타이어드]
피곤해.

How do you feel? [하우 두 유 필]
넌 어때?

A: I feel fine. [아이 필 파인]
I'm excited today! [아임 익싸이티드 투데이]
난 좋아. 오늘은 흥미진진해!

➡ **B: Good!** [굿]
다행이네!

☆ Vocabulary

· **fine**[fain] 좋은 · **excited**[iksáitid] 흥분한, 신이 난 · **today**[tədéi] 오늘

36

단어와 문장

≪감정들≫

- happy [해피] 기쁜, 행복한
- sad [쌔드] 슬픈
- angry [앵그뤼] 화난
- scared [스캐어드] 무서운, 두려운
- tired [타이어드] 피곤한
- great [그뤠잇] 대단한
- hungry [헝그뤼] 배고픈
- shy [샤이] 부끄러운
- lazy [레이지] 게으른
- OK / fine [오우케이/퐈인] 좋은 / 멋진

함께 풀어 보세요~!

다양한 감정들을 넣어 문장을 완성하세요. [Sample 답안 252p.]

A: **How are you?**
어떻게 지내니?

　　　　B: **I'm** ＿＿＿＿＿＿＿ **.**
　　　　나는 ＿＿＿＿＿＿＿ .

　　　　How do you feel?
　　　　넌 어때?

A: **I feel** ＿＿＿＿＿＿＿ **today.**
나는 오늘 ＿＿＿＿＿＿＿ .

나이에 대해 말해 보세요.

❋ How old are you?
몇 살 이세요?

➡ **I am 34** (thirty-four) **years old.**
34살 입니다.   [아이 앰 떠리-포 이어스 오울드]

I am 29 (twenty-nine) **years old.**
29살 입니다.   [아이 앰 트웨니 나인 이어스 오울드]

I am 16 (sixteen) **years old.**
16살 입니다.   [아이 앰 씩스틴 이어스 오울드]

I am 67 (sixty-seven) **years old.**
67살 입니다.   [아이 앰 씩스티 쎄븐 이어스 오울드]

• 나이를 표현하기 위해서는 숫자에 years old를 덧붙여 말합니다. 20살 이상의 나이에는 −(하이픈)을 넣어서 숫자를 씁니다.

thirty + five → thirty-five

1. 아래 숫자들을 영문으로 써 보세요. [Sample 답안 252p.]

(A) **52 years old**   → ＿＿＿＿＿＿＿＿ **years old.**

(B) **81 years old**   → ＿＿＿＿＿＿＿＿ **years old.**

(C) **21 years old**   → ＿＿＿＿＿＿＿＿ **years old.**

2. "높은 자리 숫자들"을 익혀 보세요.

10	ten	11	eleven	12	twelve
13	thirteen	14	fourteen	15	fifteen
16	sixteen	17	seventeen	18	eighteen
19	nineteen	20	twenty	30	thirty
40	forty	50	fifty	60	sixty
70	seventy	80	eighty	90	ninety
100	a hundred				

A. 짝과 함께 서로 나이를 묻고 답해 봅시다.

How old are you?

당신은 몇 살이세요?

➡ **I am** _____.

저는 _____ 살 입니다.

B. 짝의 나이를 물어보았다면 몇 살인지 영어로 써 봅시다.

He/She is _____.

그/그녀는 _____ 살 입니다.

Thomas' 말하기 쓰기
Exercises

A 앞에서 배운 직업을 나타내는 단어들을 올바른 알파벳 순서로 배열해 봅시다. [Sample 답안 252p.]

❶ ttuesnd

➡ (학생) : _____

❷ sreun

➡ (간호사) : _____

❸ dootcr

➡ (의사) : _____

❹ ckoo

➡ (요리사) : _____

❺ wayler

➡ (변호사) : _____

❻ lotpi

➡ (비행기 조종사) : _____

❼ eetachr

➡ (교사) : _____

❽ racot

➡ (남자배우) : _____

B 생각나는 긍정적이거나 부정적인 감정들을 아래 빈칸에 써 보세요.

긍정적인 감정	부정적인 감정

C 보기의 숫자들을 가장 작은 수에서 큰 수까지 순서대로 써 보세요.

보기
eleven	seventy-eight	thirteen
eighty-seven	twenty-nine	fifteen
forty-three		

❶ _____

❷ _____

❸ _____

❹ _____

❺ _____

❻ _____

❼ _____

Anders'
Practice

I am이나 I feel을 이용해서 자기 자신의 이름, 성별, 직업, 나이, 감정 등을 표현해 보세요.
[Sample 답안 253p.]

❶ My name is _____ . (이름)

❷ I am _____ . (나이)

❸ I am _____ . (성별)

❹ I am _____ . (직업)

❺ I feel _____ . (감정)

- housewife [háuswàif]   주부

- Nice to meet you. [nais tu: jmi:t u]   만나서 반갑습니다.

- hello [helóu, hə-, hélou]   안녕하세요

- Lucy [lú:si]   루씨 (여자 이름)

- woman [wúmən]   여자

- good [ɡud]   좋은

- tired [taiərd]   피곤한

- happy [hǽpi]   행복한

- feel [fi:l]   느끼다

- upset [ʌpsét]   화난, 당황한

- excited [iksáitid]   흥분한, 신이 난

- fine [fain]   좋은

- today [tədéi]   오늘

영어 이름 익히기

여성과 남성의 영어 이름 몇 가지를 소개합니다. 각 이름들을 어떻게 발음하는지 큰 소리로 읽어봅니다.

■ 잘 알려진 남성의 이름들

Alex[ǽliks] 앨릭스

Benjamin[bénʤəmən] 벤자민

Bret[bret] 브렛

Carl[ka:rl] 카ー알

Charles[tʃa:rlz] / Charlie[tʃá:rli] 찰스/찰리

Christian[krístʃən] 크리스티안

Daniel[dǽnjəl] 대니얼

David[déivid] 데이비드

Ethan[íːθən] 이턴

Evan[évən] 이반

George[dʒɔːrdʒ] 죠지

Harry[hǽri] 해리

Jack[dʒæk] 잭

Jacob[dʒéikəb] 제이콥

James[dʒeimz] 제임스

Jerry[dʒéri] 제리

Jonathan[dʒánəθən] 조나단

Kevin[kévin] 케빈

Liam[liːəm] 리암

Lucas[lúːkəs] 루카스

Michael[máikəl] 마이클

Oliver[áləvər] 올리버

Oscar[áskər] 오스카

Owen[óuin] 오웬

Robert[rábərt] / Bob[bab] 로버트/밥

Thomas[táməs] 토마스

William[wíljəm] 윌리엄

Wesley[wésli] 웨슬리

■ 잘 알려진 여성의 이름들

Amanda [əmǽndə] 어맨다	Angela [ǽndʒələ] 안젤라
Ava [éiva:] 아바	Chloe [klóui] 클로이
Charlotte [ʃɑ́:rlət] 샬롯	Carol [kǽrəl] 캐롤
Diana [daiǽnə] 다이아나	Elizabeth [ilízəbəθ] 엘리자벳
Emma [émə] 엠마	Elle [ɛl] / Ella [élə] 엘르/엘라
Gail [ɡeil] 게일	Grace [ɡreis] 그레이스
Hannah [hǽnə] 한나	Isabella [ìzəbélə] 이사벨라
Jessica [dʒésikə] 제시카	Julia [dʒú:ljə] 줄리아
Katie [keiti] 케이티	Lucy [lú:si] 루씨
Madison [mǽdisn] 매디슨	Megan [mɛgən] 메건
Mia [mía] 미아	Olivia [oulíviə] 올리비아
Rebecca [ribékə] 레베카	Penelope [pənéləpi] 페네로페
Ruby [rú:bi] 루비	Sasha [sáʃa] 싸샤
Sophia [soufí:ə] 쏘피아	Victoria [viktɔ́:riə] 빅토리아
Violet [váiəlit] 바이올렛	

열거한 이름들 중 어떤 이름이 마음에 드나요? 동일한 이름의 유명 인사들을 알고 있나요? 여러분은 영어 이름이 있으세요? 만약 있다면 어떻게 그 이름을 선택했나요? 아직 영어 이름이 없다면 열거한 이름들 중 하나를 선택하는게 어떨까요!

사람을 소개하는 예절은 어디에서나 비슷합니다. 보통 더 중요한 사람에게 덜 중요한 사람을 먼저 소개합니다. 소개하는 사람에 대한 간단한 내용도 설명해 주면 금상첨화입니다. 나중에 서로 대화 나누기가 편하니까요.

Chapter 3

다른 사람 소개하기

Talking About Others
[tɔ́ːkiŋ] [əbáut] [ʌ́ðər]

3⁻¹

He is kind.

그는 친절하다.

He is kind.   [히 이즈 카인드]

그는 친절하다.

✱ **She is friendly.**   [쉬 이즈 프렌들리]

그녀는 상냥하다.

✱ **The dog is mean.**   [더 독 이즈 민]

그 개는 사납다.

✱ **He's a smart man.**   [히즈 어 스마트 맨]

그는 영리한 남자이다.

✱ **She's a pretty girl.**   [쉬즈 어 프뤼티 걸]

그녀는 예쁜 소녀다.

✱ **It's an interesting book.**   [이츠 언 인터뤠스팅 북]

그것은 흥미있는 책이다.

☆ **Vocabulary**

· **kind** [kaind] 친절한 · **friendly** [fréndli] 다정한(처음 봐도 잘해주는) · **mean** [miːn] 비열한, 심술궂은
· **smart** [smaːrt] 영리한 · **pretty** [príti] 예쁜 · **girl** [gəːrl] 소녀 · **interesting** [íntərəstiŋ] 흥미로운
· **book** [buk] 책

48

✱ 3인칭 대명사들 (he / she / it)

남성을 언급하기 위해서 he를 쓰며, 여성에 대해서는 she를 사용합니다. 명사가 성별의 구별이 없거나 또는 성별을 구별하기 힘들다면 it을 사용합니다.

✱ 3인칭 단수 현재시제일 때 be동사는 is가 됩니다.

아래와 같은 문장유형을 만들 때는 is를 사용할 수 있습니다.

[is + 명사]　　　　　　**He is a man.** [히 이즈 어 맨]

그는 남자다.

[is + 형용사]　　　　　**He is smart.** [히 이즈 스마트]

그는 영리하다.

[is + 형용사 + 명사]　　**He is a smart man.** [히 이즈 어 스마트 맨]

그는 영리한 남자다.

✱ 3인칭 단수 현재시제에서의 축약형

"I'm"처럼 he is, she is, it is등도 아래처럼 축약형을 쓸 수 있으며 발음이 부드럽고 자연스럽게 됩니다.

he is　　→　　he's

she is　　→　　she's

it is　　→　　it's

A: This is Anders. [디스 이즈 앤더스]

이쪽은 앤더스입니다.

He is my brother. [히 이즈 마이 브롸더]

그는 내 남동생(형, 오빠)입니다.

He is a young man. [히 이즈 어 영 맨]

그는 젊은 사람입니다.

B: Is he kind? [이즈 히 카인드]

그는 친절한가요?

A: Yes, he is kind. [예스, 히 이즈 카인드]

네, 그는 친절해요.

B: Is he funny? [이즈 히 퍼니]

그는 재미있나요?

A: Yes, he is funny! [예스, 히 이즈 퍼니]

네, 그는 재미있어요!

Vocabulary

· **brother**[brʌðər] 형제 · **young**[jʌŋ] 젊은 · **funny**[fʌni] 재미있는

단어와 문장

≪성격 및 모양≫

- kind [카인드] 친절한
- friendly [프렌들리] 상냥한, 친근한
- mean [민] (사람 등이)비열한, (동물 등이) 다루기 힘든, 사나운.
- serious [씨뤼어스] 심각한, 진지한
- smart [스마트] 영리한
- interesting [인터뤠스팅] 흥미 있는
- handsome [핸썸] 잘 생긴
- pretty [프뤼티] 예쁜, 귀여운
- silly [씰리] 어리석은

함께 풀어보세요~!

옆 사람과 대화를 나누고 어떤 성격인지에 대해 얘기해 봅시다. [Sample 답안 253p.]

This is _____.

이 사람은 _____ 입니다.

He / She is _____.

그/그녀는 _____ 입니다.

He / she is a _____ **man / woman.**

그/그녀는 _____ 남자/여자입니다.

물건 묘사하며 설명하기

지금까지 사람들을 다양하게 묘사하기 위하여 I, he, she 등의 인칭대명사와 be동사(am, are, is등)를 사용해 왔습니다. 사람이 아닌 사물을 묘사하고자 한다면 그 사물을 문장에서 주어의 자리에 둡니다.

The glass is empty. [더 글래스 이즈 엠티]
잔이 비었다.

The pencil is sharp. [더 펜슬 이스 샤-프]
그 연필은 뾰족하다.

The car is large. [더 카- 이즈 라-쥐]
그 자동차는 커요.

The man is fat. [더 맨 이즈 팻]
그 남자는 살쪘다.

The clock is small. [더 클락 이즈 스몰]
그 시계는 작다.

The book is thick. [더 붘 이즈 띡]
그 책은 두껍다.

단어와 문장

≪묘사할 수 있는 모양들≫

- tall [톨] 키가 큰
- fat [팻] 살찐, 뚱뚱한
- big [빅] 큰, 커다란
- thick [띡] 두꺼운, 굵은
- sharp [샤-프] 날카로운, 뾰족한
- empty [엠티] 빈

- short [숏] 키가 작은
- skinny [스키니] 마른(부정적인 느낌)
- small [스몰] 작은, 소형의
- thin [띤] 얇은, 가느다란
- smooth [스무드] 부드러운
- full [풀] 가득한

Tip 영어에서는 be동사와 형용사가 함께 쓰여야 ~하다라고 말할 수 있어서 우리말과 약간 차이가 있습니다. 따라서 "thick"은 "두꺼운"이지 "두껍다"가 아닙니다. "두껍다"는 "am/is/are thick"으로 표현해야 합니다.

여러분의 주변에 있는 3가지 물건의 특징을 묘사해 보세요. [Sample 답안 253p.]

1. The _____ is _____.

2. The _____ is _____.

3. The _____ is _____.

He goes to school.

그는 학교에 갑니다.

What does he / she do?

[왓 더스 히/쉬 두]

그(녀)는 무엇을 하나요? (흔히 이 표현은 직업을 묻는 것으로도 쓰인다.)

* **He goes to school.**

[히 고우스 투 스쿠울]

그는 학교에 갑니다.

* **She takes the subway.**

[쉬 테익스 더 섭웨이]

그녀는 지하철을 탑니다.

* **He eats a lot.**

[히 잇츠 얼 랏]

그는 많이 먹습니다.

* **She listens to music.**

[쉬 리슨스 투 뮤직]

그녀는 음악을 듣습니다.

* **He drives a bus.**

[히 드롸이브스 어 버스]

그는 버스를 운전합니다.

* **She cleans the house.**

[쉬 클린스 더 하우스]

그녀는 집을 청소합니다.

* **He watches a lot of movies.**

[히 왓취스 얼 랏 오브 무비스]

그는 많은 영화를 봅니다.

☆ Vocabulary

· **school**[skuːl] 학교 · **take the subway**[teik ðə sʌ́bwèi] 지하철을 타다 · **eat**[iːt] 먹다
· **listen to music**[lísn tu: mjúːzik] 음악을 듣다 · **drive**[draiv] 운전하다 · **clean**[kliːn] 청소하다
· **watch a movie**[wɑtʃ ei múːvi] 영화를 보다.

✹ 주어가 단수 현재일 때 동사 활용 알아보기

규칙동사와 "I"를 사용할 때 현재시제는 동사의 기본형으로 표현합니다.

I drive   I take   I see   I eat

하지만 he, she, it등의 3인칭 단수인 경우에는 동사 기본형에 -s를 붙입니다.

He drives   She takes   It sees   He eats

단 -ch, -s, -sh, -o, -x, -z 등으로 끝나는 동사는 –es를 붙입니다.

go → goes
watch → watches

✹ a lot : 많이, 많은

"a lot"은 동사 뒤에 위치하는 것이 일반적입니다.

I like you a lot. [아이 라익 유 얼 랏]
나는 당신을 많이 좋아합니다.

She eats a lot. [쉬 이츠 얼 랏]
그녀는 많이 먹습니다.

하지만 "a lot of"는 명사 앞에 위치합니다.

She eats a lot of food. [쉬 이츠 얼 랏 오브 푸드]
그녀는 많은 음식을 먹습니다.

He watches a lot of movies. [히 왓취스 얼 랏 오브 무비스]
그는 많은 영화를 봅니다. (그는 자주 영화를 봅니다.)

55

A: This is my teacher, Monica. [디스 이즈 마이 티춰, 모니카]
이분은 제 선생님 모니카입니다.

➡ **B: She has black hair.** [쉬 해즈 블랙 헤어]
그녀는 머리가 검습니다.

She likes white shoes. [쉬 라잌스 와잇 슈-즈]
그녀는 하얀 구두를 좋아합니다.

She lives in a yellow house. [쉬 리브스 인 어 엘로우 하우스]
그녀는 노란 집에 삽니다.

She drives a red car. [쉬 드롸이브스 어 뤠드 카-]
그녀는 빨간 차를 운전합니다.

She eats green grapes. [쉬 이츠 그륀 그뤠입스]
그녀는 청포도를 먹습니다.

 Vocabulary

· **teacher**[tíːtʃər] 교사, 선생님 · **hair**[hɛər] 머리카락 · **wear**[wɛər] 입다
· **shoes**[ʃuːz] 구두(주로 복수형 사용) · **house**[haus] 집 · **car**[kɑːr] 자동차 · **grape** [greip] 포도

단어와 문장

≪색깔들≫

- red [뤠드] 빨간
- black [블랙] 검은
- blue [블루] 파란
- grey [그뤠이] 회색의
- white [와잇] 하얀
- purple [퍼플] 자주색의
- green [그륀] 녹색의
- yellow [엘로우] 노란
- orange [어륀-쥐] 오렌지색의
- pink [핑크] 분홍색의

함께 풀어보세요~!

학급의 친구들과 선생님에 대하여 묘사해 보세요. [Sample 답안 253p.]

- **He / She has** ＿＿＿＿＿＿＿＿ **hair.**

  그/그녀의 머리카락은 ＿＿＿＿＿＿ 입니다.

- **He / She wears** ＿＿＿＿＿＿＿ **shirts.**

  그/그녀는 ＿＿＿＿＿＿ 셔츠를 입습니다.

- **He / She likes** ＿＿＿＿＿＿＿＿＿.

  그/그녀는 ＿＿＿＿＿＿ 을/를 좋아합니다.

- **He / She** ＿＿＿＿＿＿＿＿＿＿＿.

  그/그녀는 ＿＿＿＿＿＿.

Unit 3-3

It is fun.

재미있어요!

How is the movie?
그 영화 어때요?

[하우 이즈 더 무비]

It's fun!
재미있어요!

[이츠 펀]

It's long.
길어요.

[이츠 롱]

It's very interesting.
아주 흥미로워요.

[이츠 붸뤼 인터뤠스팅]

But it's too scary.
하지만 너무 무서웠어요.

[벗 이츠 투 스케어뤼]

✻ **I like that movie.**
나는 저 영화를 좋아해요.

[아이 라잌 댓 무비]

That's good!
그거 다행이네요!

[댓츠 굿]

✻ **I don't like that movie!**
나는 저 영화를 좋아하지 않아요!

[아이 도운 라잌 댓 무비]

That's too bad!
그거 아쉽네요!

[댓츠 투 뱃]

☆ Vocabulary

· **scary** [skéəri] 무서운, 겁나는 · **very** [véri] 아주 · **too** [tuː] 너무 · **interesting** [íntərəstiŋ] 흥미로운
· **bad** [bæd] 나쁜

✳ How is it? : 그건 어때?

영어에서 how로 시작하는 의문문은 "어떻게"와 비슷한 의미로 쓰입니다. "How is it?"이란 표현으로 상대의 의견을 물어볼 수 있습니다.

How is it? [하우 이즈 잇] 그건 어때요?

How are you? [하우 아 유] 어떠세요?

✳ but : 하지만, 그러나

접속사 "but"를 사용해서 서로 상반되는 단어나 문장을 연결해서 표현할 수 있습니다.
우리말의 "하지만" 또는 "그러나"와 비슷한 역할을 합니다.

He is poor but happy. [히 이즈 푸어 벗 해피]
그는 가난하지만 행복하다.

The food is expensive but delicious. [더 풋 이즈 익스펜십 벗 딜리셔스]
그 음식은 비싸지만 아주 맛있습니다.

✳ that : 그것/저것

다른 사람이 말한 것에 대해 언급할 때 "that"을 사용합니다. (우리말의 "그"와 비슷하게 사용됨)

A: I like the movie, "Transformers". [아이 라잌 더 무비, "트랜스포머스"]
나는 트랜스포머란 영화를 좋아합니다.

B: I know that movie! [아이 노우 댓 무비]
나도 그 영화 알아요!

✳ That's too bad. : 그거 아쉽네요.

"That's too bad"는 "아쉽다"에 해당하는 표현입니다. 슬프거나 불행한 소식에 대한 유감을 나타낼 때 쓰입니다.

A: How is that book? 그 책 어때요? [하우 이즈 댓 북]

➡ **B: It's fun.** [이츠 펀]

재미있어요.

A: How is the weather? 날씨는 어때요? [하우 이즈 더 웨더]

➡ **B: It's very hot.** [이츠 붸뤼 핫]

무척 덥네요.

A: How's the movie? 그 영화 어때요? [하우즈 더 무비]

➡ **B: It's too scary.** [이츠 투 스케어뤼]

너무 무서워요.

A: How's that car? 저 차는 어때요? [하우즈 댓 카-]

➡ **B: It's expensive.** [이츠 익스펜십]

비싸요.

A: How's the food? 음식은 어때요? [하우즈 더 풀]

➡ **B: It's delicious.** [이츠 딜리셔스]

맛있네요.

☆ Vocabulary

· **weather**[wéðər] 날씨 · **hot**[hat] 더운, 뜨거운 · **delicious**[dilíʃəs] 맛있는
· **expensive**[ikspénsiv] 값비싼

단어와 문장

≪묘사하기 위한 형용사들≫

· good [굿] 좋은 · old [오울드] 오래된 · bad [뱃] 나쁜

· new [뉴-] 새로운 · funny [퍼니] 우스운 · expensive [익스펜십] 비싼

· scary [스케어뤼] 무서운 · cheap [칩] 값싼 · delicious [딜리셔스] 맛있는

· disgusting [디스거스팅] 메스꺼운, 구역질 나는

위의 형용사들을 이용하여 다음의 질문에 대답해 봅시다. [Sample 답안 253p.]

A: **How is the movie?**

그 영화 어때요?

B: **It's _____.**

그것은 _____ 입니다.

A: **That's good. / That's too bad.**

그거 다행이네요. / 그거 아쉽네요.

B: **How is the food?**

음식은 어때요?

A: **It's _____.**

이것은 _____ 이에요.

B: **That's good. / That's too bad.**

그거 다행이네요. / 그거 아쉽네요.

날씨가 어떤가요?

✳ **It's sunny.** 햇빛이 가득하네요.   [이츠 써니]

✳ **It's rainy.** 비가 오네요.   [이츠 레이니]

✳ **It's windy.** 바람이 부네요.   [이츠 윈디]

✳ **It's cloudy but warm.** 흐리지만 따뜻하네요.   [이츠 클라우디 벗 웜]

✳ **It's too hot.** 너무 덥네요.   [이츠 투 핫]

✳ **It's too cold.** 너무 춥네요.   [이츠 투 코울드]

✳ **It's nice!** 아주 좋은 날씨네요!   [이츠 나이스]

날씨를 표현할 때는 비인칭 주어인 It이 쓰이며, 간단하게 날씨를 표현하는 형용사로 표현 가능합니다. 날씨 묻는 표현은 "How is the weather?"로 간단하게 말할 수 있습니다.

잠깐!

영어문장은 반드시 주어가 있는 것을 원칙으로 해서 별다른 의미가 없더라도 비인칭 주어 It이 필요한 경우가 있습니다. 날씨, 거리, 명암 등을 표현할 때가 그런 경우입니다.

≪간단한 날씨 표현 형용사들≫

- sunny [써니] 햇빛이 가득한
- rainy [뤠이니] 비 오는
- windy [윈디] 바람 부는
- cloudy [클라우디] 흐린

- cold [코울드] 추운
- hot [핫] 더운
- warm [웜] 따뜻한
- snowy [스노위] 눈 오는

날씨에 대해서 옆 사람과 대화해 봅시다. [Sample 답안 253p.]

A: **How is the weather today?**

오늘 날씨 어때요?

B: **It's** _____.

_____ 네요.

What is that?

저것은 무엇인가요?

What is that?

저것은 무엇인가요?

[왓 이즈 댓]

✳ **That is a house.**

저것은 집입니다.

[댓 이즈 어 하우스]

✳ **This is a car.**

이것은 차입니다.

[디스 이즈 어 카-]

✳ **That is a puppy.**

저것은 강아지입니다.

[댓 이즈 어 퍼피]

✳ **This is a clock.**

이것은 시계입니다.

[디스 이즈 어 클락]

✳ **That is a new shop.**

저곳은 새로운 가게입니다.

[댓 이즈 어 뉴 샵]

✳ **This is an old building.**

이것은 오래된 건물입니다.

[디스 이즈 언 오울드 빌딩]

☆**Vocabulary**

· **puppy**[pʌpi] 강아지 · **clock**[klak] 시계 · **shop**[ʃap] 가게 · **building**[bíldiŋ] 건물

✳ this & that

"this"나 "that"은 가까이나 멀리 있는 물체에 관해 말할 때 사용합니다.

> **That** (저것)
>
> 말하는 사람에게서 멀 때
>
> **This** (이것)
>
> 말하는 사람과 가까울 때

어느 단어를 사용할지는 눈에 보이는 상황에 따라 달라질 수 있습니다. 예를 들어 여러분의 친구가 어떤 책을 읽고 있는 것을 볼 때면 "How is that book?"이라고 물어 볼 수 있지만, 그 책을 여러분의 손에 쥐고 있는 경우라면 "How is this book?"이라고 물어볼 수 있습니다.

✳ a/an & the

영어에서는 의사소통 과정에서 명사를 중요시하고 자세하게 설명합니다. 이때 쓰이는 것 중 하나가 a/an/the등의 관사이며 설명을 요하는 명사에는 a/an이 명사 앞에 옵니다. 하지만 이미 말하는 쪽과 듣는 쪽이 알고 있는 명사는 앞에 the가 옵니다. 예를 들면 a book과 같이 a를 붙이는 것은 "어떤 책인지"라는 설명을 아직 하지 않았음을 뜻합니다. 어떤 물건에 대해 처음 얘기할 때는 주로 명사 앞에 부정관사 "a/an"을 사용합니다.

> **That is a dog.** [댓 이즈 어 독] 저것은 개다.
>
> **That is an old dog.** [댓 이즈 언 오울드 독]
>
> 저것은 나이가 많은 개다. (모음 발음앞이기 때문에 부정관사 'an'을 사용함)

하지만 서로 이미 알고 있거나 친숙한 것에 대해서는 그런 사실을 명확히 하기 위해 정관사 "the"를 사용합니다.

> **I like the dog.** [아이 라익 더 독] 나는 그 개를 좋아한다.
>
> **I like the old dog.** [아이 라익 디 오울드 독] 나는 그 늙은 개를 좋아한다.
>
> **He drives a car.** [히 드라이브스 어 카-] 그는 차를 운전한다. (차에 대해 처음 소개할 때)
>
> **The car is red.** [더 카-이즈 뤠드] 그 차는 빨갛다. (그가 운전 중인 바로 그 차)

A: What is that? [왓 이즈 댓]

저것은 무엇인가요?

➡ **B: That is a house.** [댓 이즈 어 하우스]

저것은 집입니다.

A: What is this? [왓 이즈 디스]

이것은 무엇인가요?

➡ **B: This is a bed.** [디스 이즈 어 벧]

이것은 침대입니다.

A: Is this a car? [이즈 디스 어 카-]

이것은 차인가요?

➡ **B: Yes, that's a car.** [예스, 댓츠 어 카-]

네, 그건 차입니다.

A: Is that your friend? [이즈 댓 유어 프뤤드]

저분은 당신 친구인가요?

➡ **B: No, that is my brother.**

아니요, 저 사람은 제 형(남동생,오빠)입니다.

[노우, 댓 이즈 마이 브롸더]

단어와 문장

≪일반적인 명사들≫

- a house [어 하우스] 집
- a friend [어 프렌드] 친구
- a bed [어 벤] 침대
- a shop [어 샵] 가게
- a chair [어 췌어] 의자
- a road [어 로우드] 길
- a book [어 북] 책
- a building [어 빌딩] 건물

함께 풀어 보세요~!

주변에 있는 3가지 물건을 골라 옆 사람과 그것들에 대해 대화해 보세요. [Sample 답안 253p.]

A: What is this/that?

이것/저것은 무엇인가요?

B: This is/That is _____.

이/저것은 _____ 입니다.

A: Is this a _____ ?

이것은 _____ 인가요?

B: Yes, that is a _____.

예, 저것은 _____ 입니다.

No, it's a _____.

아니요, 그것은 _____ 입니다.

67

Who is this?

이 분은 누구인가요?

Who is this?
이분은 누구인가요?

[후 이즈 디스]

---

* ### This is Thomas.
  이쪽은 토마스입니다.

  [디스 이즈 토마스]

* ### This is my family.
  이쪽은 제 가족입니다.

  [디스 이즈 마이 풰밀리]

* ### This is my husband.
  이쪽은 제 남편입니다.

  [디스 이즈 마이 허스번드]

* ### This is my son.
  이 쪽은 제 아들입니다.

  [디스 이즈 마이 썬]

* ### That is my brother, Anders.
  저쪽은 제 동생 앤더스입니다.

  [댓 이즈 마이 브라더, 앤더스]

* ### This is his book.
  이것은 그의 책입니다.

  [디스 이즈 히스 북]

☆ Vocabulary

· **family** [fǽməli] 가족 · **husband** [hʌ́zbənd] 남편 · **son** [sʌn] 아들

✴ Who is this? : 이분은 누구인가요?

어떤 사람의 신분이나 정체를 묻기 위해서 "who"를 이용한 의문문을 사용합니다.

Who is she? [후 이즈 쉬]
그녀는 누구인가요?

Who do you like? [후 두 유 라일]
너는 누구를 좋아하니?

Who is Anders? [후 이즈 앤더스]
누가 앤더스인가요?

✴ 인칭대명사의 소유격

어떤 사람의 명사에 대한 관계나 소유를 나타내기 위해서, 다음의 인칭대명사의 소유격을 사용합니다.

	단수	소유격	복수	소유격
1인칭	I	My	We	Our
2인칭	You	Your	You	Your
3인칭	He/She/It	His/Her/Its	They	Their

단, it's와 its는 혼동해서는 안됩니다. It's 는 It is의 축약형입니다.

That is your car. [댓 이즈 유어 카-] 저것은 당신의 차입니다.
That is our cat. [댓 이즈 아워 캣] 저것은 우리 고양이입니다.
I am her father. [아이 앰 허 파더] 나는 그녀의 아버지입니다.

A: Hi Tom. Who is that? [하이 탐. 후 이즈 댓]

안녕 톰. 저분은 누구니?

➡ **B: That is my family.** [댓 이즈 마이 풰밀리]

저쪽은 우리 가족이에요.

A: Who is this man? [후 이즈 디스 맨]

이 분은 누구인가요?

➡ **B: That's my father.** [댓츠 마이 파더]

저 분은 나의 아버지입니다.

A: Is this your mother? [이즈 디스 유어 마더]

이 분은 당신 어머니신가요?

➡ **B: No, that's my aunt.** [노우, 댓츠 마이 앤트]

아니요. 저분은 저의 고모/이모/숙모/아주머니입니다.

A: You have a big family. [유 해브 어 빅 풰밀리]

대가족이네요.

☆ **Vocabulary**

· **aunt**[ænt, aːnt] 이모, 고모, 숙모, 아주머니

70

단어와 문장

≪가족과 친척을 나타내는 단어들≫

- husband [허스번드] 남편
- wife [와이프] 아내
- son [썬] 아들
- daughter [도어터] 딸
- mother [마더] 어머니
- father [파더] 아버지
- baby [베이비] 아기

함께 풀어 보세요~!

휴대폰의 가족 사진을 보면서 서로 대화를 나누어 보세요. [Sample 답안 253p.]

A: **Who is that?**
저 분은 누구신가요?

B: **That is** _____.

_____ 입니다.

A: **Who is this man / woman?**
이 남자/여자는 누구인가요?

B: **That's** _____.

_____ 입니다.

A: **Is this your** _____?
이 분은 _____ 이신가요?

B: **No, that's my** _____.
아니요, _____ 이십니다.

71

I, he, she, it 이외의 3가지 인칭대명사

✳ You

당신이 말하고 있는 그 사람을 지칭할 때 (2인칭 단수)

You are pretty. [유 아 프뤼티] 당신은 예쁩니다.
You wear white shoes. [유 웨어 와잇 슈-즈] 당신은 하얀 구두를 신고 있습니다.

✳ They

두 명 이상의 다른 그룹의 사람들을 지칭할 때 (3인칭 복수)

They are busy. [데이 아 비지] 그들은 바쁘다.
They are my brothers. [데이 아 마이 브롸더스] 그들은 내 형제들이다.

✳ We

당신을 포함한 여러 명의 사람들에 관해 얘기할 때 (1인칭 복수)

We are tired. [위 아 타이어드] 우리는 피곤합니다.
We are all women. [위 아 올 위민] 우리는 모두 여자입니다.
We go to school. [위 고우 투 스쿠울] 우리는 학교에 갑니다.

이전 장과 마찬가지로 앞의 인칭대명사도 be동사와 축약형으로도 쓰입니다.

you are → you're
we are → we're
they are → they're

[Sample 답안 253p.]

1. 선생님에 대한 문장을 만들어 직접 말씀 드려 보세요.

   You are _____.

2. 같은 반 친구들에 관한 문장을 만들어 봅시다.

   They are _____.

3. 여러분과 학급의 친구들에 대한 문장을 만들어 보세요.

   We are _____.

Thomas' Exercises

말하기 쓰기

 A 오늘 날씨는 어때요? [Sample 답안 253~254p.]

①

_____

②

_____

③

_____

④

_____

⑤

_____

⑥

_____

B 이 분은 누구세요?

①

_____

②

_____

③

_____

④

_____

⑤

_____

C 빈 칸을 채워 단어를 완성하세요.

❶ H _ _ SE

❷ B _ D

❸ FR _ _ _ D

❹ _ _ _ D

❺ _ _ OP

❻ R _ _ D

D 다음 동사들을 써 넣어 올바른 문장을 만들어봅시다. 단 필요하면 주어에 맞게 동사를 변화시킵니다.

보기

live   go   drink   wear   be

❶ I _____ a woman.

❷ They _____ in a big house.

❸ He _____ to school.

❹ She _____ a lot of tea.

❺ You _____ red shoes.

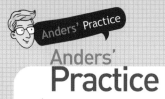
Anders'
Practice

A 다음 문형을 이용하여 주변 사람에 대해 묘사하고 큰 소리로 읽어 보세요. [Sample 답안 254p.]

❶ This is _____ .

❷ He/She is my _____ .

❸ He/She is a _____ man/woman.

❹ He / She _____ .

B 다음 질문에 대해 자신의 의견으로 대답해 주세요.

❶ How is this book?
   ➡ It's _____ .

❷ How is your mother?
   ➡ She is _____ .

❸ How is the weather today?
   ➡ It's _____ .

- pretty [príti] 예쁜
- girl [gəːrl] 소녀
- interesting [íntərəstiŋ] 흥미로운
- book [buk] 책
- kind [kaind] 친절한
- friendly [fréndli] 다정한
- mean [miːn] 비열한, 심술궂은
- smart [smaːrt] 영리한
- teacher [tíːtʃər] 교사, 선생님
- hair [hɛər] 머리카락
- wear [wɛər] 입다, 착용하다
- shoes [ʃuːz] 구두 (주로 복수형 사용)
- house [haus] 집
- car [kaːr] 자동차
- brother [brʌðər] 형제
- young [jʌŋ] 젊은
- funny [fʌni] 재미있는
- school [skuːl] 학교
- take the subway
  [teik ðə sʌ́bwèi] 지하철을 타다
- eat [iːt] 먹다
- listen to music
  [lísn tu: mjúːzik] 음악을 듣다
- drive [draiv] 운전하다

- clean [kliːn] 청소하다
- watch a movie
  [wɑtʃ ei múːvi] 영화를 보다
- grape [greip] 포도
- scary [skέəri] 무서운
- very [véri] 아주
- too [tuː] 너무, 지나치게
- weather [wéðər] 날씨
- hot [hɑt] 더운, 뜨거운
- delicious [dilíʃəs] 맛있는
- puppy [pʌpi] 강아지
- clock [klɑk] 시계
- shop [ʃɑp] 가게
- building [bíldiŋ] 건물
- aunt [ænt, ɑːnt]
  이모, 고모, 숙모, 아주머니
- family [fǽməli] 가족
- husband [hʌ́zbːnd] 남편
- son [sʌn] 아들

77

음식점 이름으로 배우는 영어

우리 주변에서 영어 단어를 보는 것은 그리 어려운 일이 아닙니다. 음식점의 경우라면 더 그렇지요. 여기 다양한 음식점 이름들로부터 배울 수 있는 영어와 문화가 있습니다.

- **맥도날드 McDonald's** [məkdánəldz]

  1940년에 리차드와 모리스 맥도날드 형제가 시작한 작은 음식점입니다. 영어에서는 어포스트로피 (')와 s를 사용하여 무언가가 누구의 소유인지 밝힙니다. 맥도날드의 경우에는 이 음식점이 누구에 의하여 운영이 되는지를 말해줍니다. 몇몇 음식점들이 이러한 소유격 ('s)의 이름을 사용하는데 예를 들면 웬디스(Wendy's)와 도미노피자(Domino's)가 있습니다.

- **피자 헛 Pizza Hut** [píːtsə hʌt]

  1958년에 만들어진 피자헛은 초기에 빨간색 지붕으로 유명했답니다. 영어에서 'hut'은 낮은 지붕의 작은 단층집을 말하는데 바로 피자헛 로고가 그런 모양으로 생긴 이유입니다.

- **티.쥐.아이 프라이데이스 T.G.I. Friday's** [ti-zi-ai: fráideiz]

  패밀리 레스토랑 'T.G.I.F'는 'Thank God it's Friday'의 줄임말입니다. 주말이 곧 다가오는 설레는 감정을 나타내는 흔한 영어 표현입니다.

- **던킨도너츠 DUNKIN' DONUTS** [dʌ́ŋkin dóunʌt]

  이 프랜차이즈 도넛가게의 이름은 커피에 도넛을 적셔먹는 오래된 습관 'dunking'에서 유래했다고 합니다. 도넛은 원래의 철자인 'doughnut'(dough+nut) 혹은 요즘에 사용되는 'donut'으로 2가지가 있습니다.

  cf. **dunk**[dʌŋk] 빵 따위를 음료에 적시다   **dough**[dou] 반죽덩어리, 굽지 않은 빵

- **아웃백 스테이크 하우스 OUTBACK STEAK HOUSE** [áutbæk steik haus]

  호주 동부의 반건조 기후대의 오지와 웨스턴 플래토의 중앙 건조지역이나 서부지역 북부 평야를 일컫는 표현에서 나온 이름입니다.

- 스타벅스 STARBUCKS [stάːrbʌks]

허먼 멜빌의 소설 모비딕에 나오는 일등항해사의 이름에서 따온, 1970년대 초 시애틀의 영어교사였던 제리 볼드윈이 교직을 그만두고 차린 커피숍의 이름입니다. 스타벅스 로고의 여인은 그리스 신화에 나오는 아름다운 노랫소리로 뱃사람들을 유혹하여 배를 난파시킨다는 마녀 사이렌입니다.

- 고디바 GODIVA [gədáivə]

1926년 죠셉 드랍스가 설립한 벨기에의 고급 초콜릿 브랜드로 11세기경 영주인 남편의 탐욕으로 과하게 부과된 세금에 힘들어하는 백성들을 위해 남편인 영주의 마음을 돌리고자 긴머리카락만으로 몸을 가린 채 말을 타고 마을을 돌았던 영국의 고다이버 부인의 이름에서 착안했다고 합니다.

Lady Godiva by John Collier, c. 1897,
Herbert Art Gallery and Museum

어느 음식점에서 식사하기를 좋아하나요?
유래를 알고 있는 다른 음식점들이 있나요?
만약 여러분의 음식점을 오픈한다면 어떤 이름을 지으시겠어요?

내가 할수 있는 많은 일들을 영어로 자랑해 봅시다.

능력과 선호

Abilities and Preferences
[əbíləti]   [préfərəns]

I can speak English.

나는 영어를 말할 수 있다.

What can you do?
[왓 캔 유 두]

당신은 무엇을 할 수 있나요?

❋ **I can speak English.**　　　　　　　　[아이 캔 스픽 잉글리쉬]

나는 영어를 말할 수 있다.

❋ **I can bake a pizza.**　　　　　　　　[아이 캔 베익 어 피짜]

나는 피자를 구울 수 있다.

❋ **I can drive a car.**　　　　　　　　[아이 캔 드롸이브 어 카-]

나는 운전할 수 있다.

❋ **I can paint a painting.**　　　　　　[아이 캔 페인트 어 페인팅]

나는 그림을 그릴 수 있다. (보통유화를 그릴 때 쓰는 표현)

❋ **I can sing a song.**　　　　　　　　[아이 캔 씽 어 쏭]

나는 노래를 부를 수 있다.

❋ **I can run quickly.**　　　　　　　　[아이 캔 뤈 퀵클리]

나는 재빠르게 달릴 수 있다.

❋ **I can draw well.**　　　　　　　　　[아이 캔 드뤄 웰]

나는 그림을 잘 그릴 수 있다. (보통연필로 그릴 때 쓰는 표현)

☆Vocabulary

· **speak**[spi:k] 말하다 · **bake**[beik] 굽다 · **paint**[peint] 그림을 그리다 · **painting**[péintiŋ] 그림
· **sing**[siŋ] 노래하다 · **song**[sɔːŋ] 노래 · **quickly**[kwíkli] 빨리, 신속히 · **well**[wel] 잘, 충분히

✻ I can : 나는 할 수 있습니다.

조동사 can은 사람의 능력을 묘사하기 위해 사용됩니다. can은 다른 동사와 함께 쓰여 그 문장의 의미를 더해주는 역할을 하기도 하며, 어떤 활동을 할 수 있는지를 설명하기 위해 쓰여집니다.

[can + 동사]

I can sing. [아이 캔 씽] 나는 노래 할 수 있다.

I can draw. [아이 캔 드뤄] 나는 그릴 수 있다.

[can + 동사 + 목적어]

I can + drive + a car.

나는 자동차를 운전 할 수 있다.

He can + paint + a painting.

그는 그림을 그릴 수 있다.

✻ 부사

이런 활동들을 어떻게 하는지 나타내기 위해 동사 뒤에 부사를 추가할 수 있습니다. 대개 부사는 -ly로 끝나지만 well과 같은 몇 몇 부사는 불규칙한 형태를 가집니다.

I can drive quickly. [아이 캔 드롸이브 퀵클리]

나는 신속하게 운전할 수 있다.

I can sing well. [아이 캔 씽 웰]

나는 노래를 잘 부를 수 있다.

잠깐!

조동사는 do, can, may, will, must, should 외에도 다양한데 능력이나 가능성, 허가, 추측, 기원, 미래 의지, 의무나 강요, 과거의 습관 등 일반 동사가 스스로 나타낼 수 없는 상황에서 그 동사를 도와주는 역할을 합니다. 이 조동사가 문장에서 도움을 주는 역할을 할 때 주어의 인칭에 상관없이 일반동사는 원형의 형태가 되어야 한답니다.

A: What can you do? [왓 캔 유 두]

당신은 무엇을 할 수 있나요?

➡ **B: I can drive a car.** [아이 캔 드라이브 어 카-]

저는 운전 할 수 있습니다.

A: Can you run quickly? [캔 유 뤈 퀵클리]

당신은 재빠르게 달릴 수 있나요?

➡ **B: Yes, I can.** [예스, 아이 캔]

네, 할 수 있습니다.

A: Can you play guitar? [캔 유 플레이 기타-]

기타 칠 수 있나요?

➡ **B: No, I can't.** [노우, 아이 캔트]

아니요, 못칩니다.

How about you? What can you do?

당신은 어떤가요? 당신은 무엇을 할 수 있나요?
[하우 어바웃 유. 왓 캔유 두]

A: I can dance salsa. [아이 캔 댄스 쌀사]

살사춤을 출 수 있습니다.

I can also speak English. [아이 캔 올쏘 스픽 잉글리쉬]

영어 또한 말할 수 있습니다.

☆ Vocabulary

- **play guitar** [plei gitáːr] 기타를 치다(연주하다) · **dance salsa** [dæns sáːlsə] 살사춤을 추다
- **quickly** [kwíkli] 빨리, 곧

≪일반적인 활동들≫

- bake a cake [베이크 어 케익] 빵을 굽다
- drive a car [드라이브 어 카-] 운전하다
- play the piano [플레이 더 피애노우] 피아노를 치다
- run quickly [뤈 퀵클리] 재빠르게 달리다
- speak English well [스픽 잉글리쉬 웰] 영어를 잘 말하다
- read a magazine [뤼드 어 매거진] 잡지를 읽다
- write a book [롸잇 어 북] 책을 쓰다
- watch a movie [와취 어 무비] 영화를 보다

짝과 서로 어떤 것을 잘 할 수 있는지 묻고 답해보세요. [Sample 답안 254p.]

A: **Can you** _____ ?

당신은 _____ 할 수 있나요?

B: **Yes I can / No, I can't.**

네, 할 수 있습니다. /아니요, 할 수 없습니다.

I can _____ .

저는 _____ 할 수 있습니다.

What can you do?

당신은 무엇을 할 수 있나요?

A: **I can** _____ .

저는 _____ 할 수 있습니다.

But I can't _____ .

하지만 저는 _____ 은/는 할 수 없습니다.

I like soccer.

나는 축구를 좋아합니다.

What sports do you like? [왓 스포-츠 두 유 라익]

당신은 어떤 스포츠를 좋아하나요?

* **I like soccer.** [아이 라익 싸커]

  나는 축구를 좋아합니다.

* **I like swimming.** [아이 라익 스위밍]

  나는 수영을 좋아합니다.

* **I like basketball and baseball.** [아이 라익 배스킷볼 앤 베이스볼]

  나는 농구와 야구를 좋아합니다.

* **I like tennis a lot!** [아이 라익 테니스 얼 랏]

  나는 테니스를 매우 좋아합니다!

* **She also likes tennis.** [쉬 올쏘 라익스 테니스]

  그녀 또한 테니스를 좋아합니다.

* **She really likes skiing.** [쉬 뤼얼리 라익스 스키-잉]

  그녀는 정말 스키를 좋아합니다.

* **I don't like skiing.** [아이 도운 라익 스키-잉]

  나는 스키를 좋아하지 않습니다.

잠깐!

영미권 사람들은 처음 만남에서도 눈인사, 인사말, 취미등 가벼운 소재로 이야기하기를 좋아합니다. 그때 지금 배운 표현들을 떠올려 말해보세요. "무엇을 좋아하나요?, 한가할 때 뭐하세요?" 이런 질문을 받으면 "I like ..." 로 멋지게 대답합시다!!

☆ **Vocabulary**

· **sports** [spɔ:rts] 스포츠(운동경기) · **also** [ɔ́:lsou] 또한, 역시 · **soccer** [sákər] 축구
· **basketball** [bǽskitbɔ̀:l] 농구 · **baseball** [béisbɔ̀:l] 야구

86

＊ like & don't like : 좋아한다 & 좋아하지 않는다

취향이나 선호함을 표현하기 위해 동사 "like"를 사용합니다. 좋아하는 대상인 명사가 뒤 따라옵니다.

I like + dogs. [아이 라익 + 독스]

I like + small cars. [아이 라익 + 스몰 카-스]

매번 "I like"로 말하면 지겨워질 수 있어서 부사를 덧붙여 말하는 등의 방식으로 표현을 살짝 바꿀 수 있습니다.

I <u>really</u> like dogs. [아이 뤼얼리 라익 독스] 나는 정말 개를 좋아한다.

I like dogs <u>a lot</u>. [아이 라익 독스 얼 랏] 나는 아주 많이 개를 좋아한다.

좋아하지 않는 어떤 것이 있을 때는 "don't"를 like앞에 씁니다. (don't는 do not의 축약형)

I <u>don't</u> like soccer. [아이 도운 라익 싸커] 난 축구를 좋아하지 않는다.

Anders likes cats. But I <u>don't</u> like cats.

[앤더스 라익스 캣츠. 벗 아이 도운 라익스 캣츠]

앤더스는 고양이를 좋아 한다. 하지만 나는 좋아하지 않는다.

＊ and : 그리고, ~와/~과

좋아하는 대상이 하나 이상일 때 "and"로 연결해서 쓸 수 있습니다.

Thomas and Anders. [토마스 앤 앤더스]

토마스와 앤더스

I like red and white. [아이 라익 뤠드 앤 와잇]

나는 빨강색과 흰색을 좋아한다.

I have a brother and a sister. [아이 해브 어 브롸더 앤 어 씨스터]

나는 남동생(오빠, 형) 한명과 여동생(언니, 누나)한명이 있다.

A: What sports do you like? [왓 스포츠 두 유 라잌]

어떤 스포츠를 좋아하나요?

➡️   **B: I like baseball.** [아이 라잌 베이스볼]

         저는 야구를 좋아합니다.

         I also like ice skating. [아이 올쏘 라잌 아이스 스케이팅]

         아이스 스케이팅도 좋아하고요.

A: Do you like jogging? [두 유 라잌 좌깅]

조깅하는 것을 좋아하시나요?

➡️   **B: Yes, I like jogging.** [예스, 아이 라잌 죄깅]

         네 좋아합니다.

         Do you like jogging too? [두 유 라잌 좌깅, 투]

         당신도 조깅 좋아하시나요?

A: No, I don't like jogging. [노우, 아이 도운 라잌 좌깅]

아니요, 저는 조깅을 좋아하지 않아요.

☆ **Vocabulary**

· **too** [tuː] ~도 또한 · **ice skating** [ais skéitiŋ] 빙상, 아이스 스케이팅 · **jogging** [dʒágiŋ] 조깅

88

단어와 문장

《스포츠》

- jogging [좌킹] 조깅
- badminton [배드민턴] 배드민턴
- basketball [배스킷볼] 농구
- soccer (U.S.) / football [싸커/풋볼] 축구
- mountain hiking [마운튼 하이킹] 등산
- ice skating [아이스 스케이팅] 아이스 스케이팅
- snowboarding [스노우보딩] 스노보드 경기
- baseball [베이스볼] 야구
- golf [골프] 골프
- volleyball [발리볼] 배구

스포츠나 올림픽 경기는 모두가 즐겁게 이야기 할 수 있는 공통 관심사입니다. 짝과 서로 좋아하는 스포츠에 대하여 대화를 나누어 보세요. [Sample 답안 254p.]

A: **What sports do you like?**
어떤 스포츠를 좋아하세요?

B: **I like _____.**
전 _____ 를 좋아해요.

A: **Do you like _____?**
당신은 _____ 를 좋아하세요?

B: **Yes, I like _____.**
네 좋아합니다.

No, I don't like _____.
아니요, 좋아하지 않아요.

I like fishing.

나는 낚시하는 것을 좋아합니다.

What do you do in your free time? [왓 두 유 두 인 유어 프뤼 타임]
당신은 한가할 때 무엇을 하세요?

❋ **I like fishing.**   [아이 라익 피슁]

나는 낚시하는 것을 좋아합니다.

❋ **I like playing tennis**   [아이 라익 플레잉 테니스]

테니스 치기를 좋아합니다.

❋ **I like reading books.**   [아이 라익 뤼딩 북스]

책 읽기를 좋아합니다.

❋ **I like studying English.**   [아이 라익 스터딩 잉글리쉬]

영어 공부하기를 좋아합니다.

❋ **I like going to the movies.**   [아이 라익 고잉 투 더 무비스]

영화 보러 가기를 좋아합니다.

❋ **I like spending time with friends.** [아이 라익 스펜딩 타임 윋 프뤤즈]

친구들과 어울리기를 좋아합니다.

☆ **Vocabulary**

· **fishing** [fíʃiŋ] 낚시 · **playing tennis** [pleiŋ ténis] 테니스를 치다
· **reading books** [ríːdiŋ buks] 책을 읽다   · **studying English** [stʌ́diŋ íŋgliʃ] 영어를 공부하다

❋ "I like"와 동사의 -ing 형태 사용하기

"I like"는 명사 대신에 동사의 -ing형태와 짝을 이루는 방법이 있으며, 이 문형으로 무엇을 하기 좋아 하는지를 묘사할 수 있습니다.

I like + reading. [아이 라익 + 뤼딩]
I like + swimming. [아이 라익 + 스위밍]
I like + fishing. [아이 라익 + 피슁]

❋ What do you do in your free time?
: 여가 시간에 당신은 무엇을 하나요?

다른 사람들에게 취미나 생활방식을 묻고 싶다면 "What do you do in your free time?"으로 질문할 수 있습니다. 이때 "free time"은 일하지 않는 여유 시간을 가리킵니다.

❋ going to the movies : 영화보러 가기

영화관에 가는 것에 대해 얘기하기 위해 "go to the movies"라는 문구를 사용합니다. 주의사항은 "watch a movie"에서는 movie가 단수이고, "go to the movies"에서는 복수입니다.

❋ spending time with friends : 친구들과 함께 시간보내기

영어에서는 "play with friends"라는 표현 대신에 "spending time with friends"를 사용하는데 다른 비슷한 표현으로는 "hanging out with friends"가 있습니다. "hang out"은 느긋하게 시간을 보내거나 즐겁게 지낸다라는 의미가 있습니다.

A: What do you do in your free time? [왓 두 유 두 인 유어 프뤼 타임]

한가할 때 무엇을 하세요?

➡ **B: I like watching T.V.** [아이 라익 왓칭 티비]

TV보는 것을 좋아합니다.

I also like playing tennis. [아이 올쏘 라익 플레잉 테니스]

테니스 치는 것 또한 좋아합니다.

How about you? [하우 어바웃 유]

당신은요?

- -

A: I like going to the park. [아이 라익 고잉 투 더 파-ㅋ]

공원에 가는 것을 좋아해요.

I also like hanging out with friends.

친구들과 어울리는 것도 좋아하고요.

[아이 올쏘 라익 행잉 아웃 윋 프뤤즈]

단어와 문장

≪일반적인 활동들 2 (동사의 -ing형태)≫

- baking a cake [베이킹 어 케잌] 빵 굽기
- driving my car [드라이빙 마이 카-] 운전하기
- playing guitar [플레잉 기타-] 기타치기
- eating delicious food [이링 딜리셔스 푸드] 맛있는 음식 먹기
- hanging out with friends [행잉 아웃 윋 프렌즈] 친구들과 어울리기
- writing letters [롸이링 레터스] 편지쓰기
- studying English [스터딩 잉글리쉬] 영어 공부하기
- watching T.V. [왓칭 티비] 텔레비전 보기

짝과 서로 여가시간에 어떤 활동을 하는지 묻고 답해봅시다. [Sample 답안 254p.]

A: What do you do in your free time?
한가할 때 뭐 하세요?

B: I like _____.
전 _____ 합니다.

How about you?
당신은요?

A: I like _____.
저는 _____ 하는 것을 좋아해요.

I also like _____.
저는 _____ 하는 것도 좋아하고요.

93

I want to visit France.
나는 프랑스에 가고 싶습니다.

What do you want to do?
[왓 두 유 원 투 두]

당신은 무엇을 하기를 원합니까?

* **I want to visit France.**　　　　　[아이 원 투 비짓 프랜스]

  나는 프랑스에 가고 싶습니다.

* **I want to visit my family.**　　　　[아이 원 투 비짓 마이 풰밀리]

  내 가족을 방문하고 싶어요.

* **I want to sleep more.**　　　　　　[아이 원 투 슬립 모어]

  잠을 좀 더 자고 싶어요.

* **I want to save my money.**　　　　[아이 원 투 쎄이브 마이 머니]

  돈을 저축하고 싶어요.

* **I want to read this book.**　　　　[아이 원 투 뤼드 디스 북]

  이 책을 읽고 싶어요.

* **How about you?**　　　　　　　　[하우 어바웃 유]

  당신은 어떠세요?

☆ **Vocabulary**

- **visit**[vízit] 방문하다, 체류하다 · **France**[fræns] 프랑스 · **more**[mɔːr] 더, 더 많은
- **save money**[seiv mʌ́ni] 돈을 모으다(저축하다) · **sleep**[sliːp] 잠자다

✳ "want"로 원하는 것 표현하기

사람의 욕구(바람)를 표현하기 위해 "want"를 사용합니다. 우리말의 '원하다'에 해당하는 표현으로 어떤 행동을 하기를 원하면 'to 동사원형'으로 표현합니다.

I want to + eat. [아이 원 투 + 잇]

He wants to + travel. [히 원츠 투 + 트뤠블]

✳ visit : 방문하다

다른 사람과 사교적인 모임을 표현하기 위해 "visit"을 쓸 수 있습니다.

I want to visit you tonight. [아이 원 투 비짓 유 투나잇]

오늘 저녁 찾아 뵙고 싶습니다.

또한, 길지 않은 기간 동안 다른 장소에 머무르는 것에 관해 얘기할 때도 사용됩니다.

I want to visit Jeju Island. [아이 원 투 비짓 제주 아일랜드]

저는 제주도에 가고 싶습니다. (관광지에 가서 구경하는 의미)

✳ How about you? : 당신은 어때요? (되묻기)

이 표현은 상대방의 생각은 어떤지에 대해서 알고 싶을 때 사용될 수 있습니다.

I feel great. How about you? [아이 필 그뤠잇. 하우 어바웃 유]

나는 기분이 아주 좋아. 넌 어때?

I want to watch T.V. How about you?

[아이 원 투 왓취 티비. 하우 어바웃 유]

나는 TV보고 싶어. 넌?

A: What do you want to do? [왓 두 유 원 투 두]
당신은 무엇을 하고 싶으세요?

➡️ **B: I want to visit France.** [아이 원 투 비짓 프렌스]
프랑스에 가고 싶어요.

I want to see the Eiffel tower! [아이 원 투 씨 디 아이플 타워]
에펠탑을 보고 싶어요!

How about you? [하우 어바웃 유]
당신은요?

A: I want to visit Italy. [아이 원 투 비짓 이털리]
이탈리아에 가고 싶어요.

I want to eat Italian pizza! [아이 원 투 잇 이탈리언 피짜]
이탈리아 피자를 먹고 싶어요!

단어와 문장

≪국가≫

- France [프렌스] 프랑스
- South Korea [싸우스 코뤼아] 남한
- Vietnam [뷔엣남] 베트남
- the U.K. (England) [디 유케이(잉글랜드)] 영국
- the Philippines [더 필리핀스] 필리핀
- Germany [저머니] 독일
- (the United States of) America [(디 유나이팃 스테이츠 오브) 어메뤼카] 미국

- China [촤이나] 중국
- Italy [이털리] 이탈리아
- Japan [저팬] 일본

여러분이 하고 싶은 행동이나 가고 싶은 장소등을 말해 보세요. [Sample 답안 254p.]

A: What do you want to do?
무엇을 하고 싶으세요?

B: I want to visit _____.
저는 _____ 에 가고 싶어요.

I want to see _____.
저는 _____ 보고 싶어요.

How about you?
당신은요?

A: I want to visit _____.
저는 _____ 에 가고 싶어요.

I want to eat _____.
저는 _____ 를 먹고 싶어요.

> • **"I want ～"와 비슷한 표현으로 좀 더 정중하고 부드러운 표현** •

❊ **What would you like?** [왓 우쥬 라잌]
무엇을 원하세요(무엇으로 하시겠습니까)?

➡ **I'd like some juice.** [아이드 라잌 썸 쥬-스]
주스로 주세요.

I'd like some water. [아이드 라잌 썸 워러]
물 좀 주세요.

I'd like some tea. [아이드 라잌 썸 티]
차로 주세요.

❊ **Do you want hot tea or cold tea?** [두 유 원 핫 티 오어 코울드 티]
따뜻한 차를 드시겠어요 아니면 차가운 차를 드시겠어요?

➡ **I'd like hot tea, please.** [아이드 라잌 핫 티, 플리-즈]
따뜻한 차로 주세요.

• 앞부분에서 배운 "I want"는 뭔가를 요청하는데 사용하기에는 지나치게 강한 어조입니다.
대신 음식을 주문하거나 상품목록 중에서 무엇인가를 고를 때 보통은 "I'd like ～"로 말합니다.
"I'd"는 주로 "I would"의 축약형입니다.

• 두 가지 중에서 뭔가를 고를 때 "or"를 이용해서 표현한다.

Do you have a son or a daughter? [두 유 해브 어 썬 오어 어 도어터]
아들이나 딸이 있으신가요?

Do you like dogs or cats? [두 유 라잌 독스 오어 캣츠]
개나 고양이를 좋아하세요?

《음료》

- water [워러] 물
- milk [뮐-크] 우유
- juice [쥬스] 주스
- wine [와인] 포도주
- beer [비어] 맥주
- lemonade [레모네이드] 레모네이드
- soft drink / soda / cola [소프트 드링크/쏘다/콜라] 청량음료/탄산수(소다수)/콜라

이제 원하는 음료나 음식을 주문해볼까요?   [Sample 답안 255p.]

A: **What drink would you like?**
어떤 음료를 드릴까요?

B: **I'd like some** _____.
_____ 로 주세요.

A: **Do you want** _____ **or** _____?
_____ 혹은 _____ 로 하시겠습니까?

B: **I'd like** _____.
_____ 로 하겠습니다.

A 해석 내용에 따라 빈칸을 채워주세요. [Sample 답안 255p.]

① 프랑스에 가고 싶어요.

➡ I _____ visit France.

② 한가할 때 무엇을 하세요?

➡ What do you do in your _____ ?

③ 영어공부하는 걸 좋아해요.

➡ I like _____ English.

④ 어떤 스포츠를 좋아하세요?

➡ What sports _____ ?

⑤ 저는 케이크를 만들 수 있어요.

➡ I _____ bake a cake.

B 아래 그림에 해당 국가명을 영어로 써 보세요.

❶
_____

❷
_____

❸
_____

❹
_____

❺
_____

❻
_____

C 보기에 주어진 내용을 동사의 -ing 형태로 고치고 알맞은 칸에 채워 주세요.

보기
| go | read | watch | eat | play |

❶ I like _____ T.V.

❷ You like _____ to the movies.

❸ She likes _____ computer games.

❹ Do you like _____ books?

❺ They like _____ lunch together.

Anders'
Practice

아래 빈 칸을 채워서 자기 자신에 대해서 설명해 주세요. [Sample 답안 255p.]

❶ I can _____.

저는 _____ 을/를 잘 할 수 있습니다.

❷ I can't _____.

저는 _____ 을/를 잘 할 수 없습니다.

❸ I like _____.

저는 _____ 를 좋아해요.

❹ I like _____. (-ing(동명사) 형태의 동사)

저는 _____ 하기를 좋아합니다.

❺ I'm good at _____.

저는 _____ 를 잘 합니다.

❻ I want to _____.

저는 _____ 을/를 잘 했으면 좋겠어요.

· speak [spiːk]	말하다
· bake [beik]	굽다 (빵, 케이크)
· drive [draiv]	운전하다
· paint [peint]	그림을 그리다
· painting [péintiŋ]	그림
· sing [siŋ]	노래하다
· song [sɔ́ːŋ]	노래
· quickly [kwíkli]	빨리, 신속히
· well [wel]	잘, 충분히
· play guitar [plei gitáːr]	기타를 치다 (연주하다)
· dance salsa [dæns sáːlsə]	살사춤을 추다
· sports [spɔːrts]	스포츠 (운동경기)
· also [ɔ́ːlsou]	또한, 역시
· too [tuː]	~도 또한
· fishing [fíʃiŋ]	낚시
· playing tennis [pleiŋ ténis]	테니스 치기
· reading books [ríːdiŋ buks]	책 읽기
· studying English [stʌ́diŋ íŋgliʃ]	영어 공부하기
· visit [vízit]	방문하다
· France [fræns]	프랑스
· more [mɔːr]	더, 더 많은
· save money [seiv mʌ́ni]	돈을 모으다 (저축하다)

알고 있는 영어들

우리의 생활속에서도 우리가 자주 사용하는 영어 단어들이 많습니다. 발음에 주의하면서 큰 소리로 따라서 읽어봅시다.

• 케이크	cake [keik]
• 치킨	chicken [tʃíkən]
• 웰빙	wellbeing [wel bíːiŋ]
• 윈윈	win-win [win-win]
• 워킹 맘	working mom [ei wə́ːrkiŋ mɑm]
• 컴퓨터	computer [kəmpjúːtər]
• 버전	version [və́ːrʒən]
• 호텔	hotel [houtél]
• 샌드위치	sandwich [sǽndwitʃ]
• 섹시	sexy [séksi]
• 쇼핑	shopping [ʃápiŋ]
• 뉴스	news [njuːz]
• 샤워	shower [ʃáuər]
• 데이터	data [déitə]
• 팬	fan [fæn]
• 택시	taxi [tǽksi]
• 버스	bus [bʌs]

• 인터뷰	interview	[íntərvjùː]
• 재즈	jazz	[ʤæz]
• 타이어	tire	[taiər]
• 라디오	radio	[réidiòu]
• 브런치	brunch	[brʌnʧ]
• 프라이팬	frying pan	[fraiŋ pan]
• 하이힐	high heels	[hai hiːlz]
• 초콜릿	chocolate	[ʧɔ́ːkələt]
• 비타민	vitamin	[váitəmin]
• 홈페이지	homepage	[houmpeidʒ]

우리말에서 빈번하게 사용되어지는 다른 영어 단어를 알고 있나요? 혹은 빈번하게 사용되는 다른 나라의 단어들도 있나요?

가까운 사람들에게 무언가 요청을 할 때 또는 함께 식사를 하거나
함께 놀러 가자고 제안하려면 어떻게 말할까요?

Chapter 5

제안과 충고

Suggestions and Advice
[səgdʒéstʃən]   [ædváis]

Turn on the T. V.

TV켜세요.

What should I do?

[왓 슏 아이 두]

저는 무엇을 해야하나요?

✳ **Read this book.**

[뤼 디스 북]

이 책을 읽으세요.

✳ **Eat this cookie.**

[잇 디스 쿠키]

이 과자를 드세요.

✳ **Please sit here.**

[플리즈 씻 히어]

여기 앉으세요.

✳ (자동차에서) **Please stop there.**

[플리즈 스탑 데어]

저기 세워 주세요.

 잠깐!

친한 사이에 제안은 명령형의 문장을 써서 할 수 있습니다. 명령문은 당사자 둘이 서로 마주보고 하는 대화이므로 주어인 You를 쓸 필요가 없으므로 바로 동사원형으로 문장을 시작합니다. 문장 앞이나 끝에 "Please"를 쓰는 것이 좋습니다.

✳ **Turn on the T.V.** [턴 온 더 티비]

TV를 켜세요.

✳ **Turn off the fan.** [턴 오프 더 팬]

선풍기를 끄세요.

✳ **Pick up the book.** [픽 업 더 북]

책을 집어 주세요.

✳ **Put down the keys.** [풋 다운 더 키-즈]

열쇠를 내려 놓으세요.

☆ **Vocabulary**

• **cookie**[kúki] 과자 • **sit**[sit] 앉다 • **stop**[stap] 멈추다 • **fan**[fæn] 선풍기 • **key**[ki:] 열쇠

✱ 명령하기(명령문)

다른 사람에게 뭔가를 하도록 시킬 때, 주어는 쓰지 않고 동사원형으로 문장을 시작합니다. 이런 명령문은 너무 거만하게 들릴 수 있어서 "please"로 시작하는 말로 좀 더 정중하게 말을 합니다.

Sit down. 앉게나.

Please sit down. 앉으십시오.

✱ 동사와 전치사를 결합한 숙어

몇몇 동사와 전치사가 함께 숙어(동사구)를 만들 수 있습니다.

> Turn + on + 명사

Turn on the computer. [턴 온 더 컴퓨러]
컴퓨터를 켜시오.

> Pick + up + 명사

Please pick up that chair. [플리스 픽업 댓 췌어]
그 의자를 들어 올리세요.

✱ here / there : 여기/저기(거기)

어떤 위치를 "here"나 "there"를 사용하여 명확하게 구분할 수 있습니다. 여러분이 사용하는 단어는 말하는 이의 관점에 따라 다르게 사용합니다.

The keys are here. [더 키-즈 아 히어]
열쇠가 여기 있다.

Put down the books there. [풋 다운 더 북스 데어]
책들을 거기에 내려 놓으시오.

A: It's hot. [이츠 핫]

더워요.

➡ **B: Turn on the air conditioner** [턴 온 디 에어 컨디셔너]

에어컨을 켜세요.

A: I feel cold. [아이 필 코울드]

추워요.

➡ **B: Turn off the fan.** [턴 오프 더 팬]

선풍기를 끄세요.

A: I'm bored. [아임 보-드]

지루해요.

➡ **B: Turn on the computer.** [턴 온 더 컴퓨러]

컴퓨터를 켜세요.

A: It's too dark. [이츠 투 다-크]

너무 어두워요.

➡ **B: Turn on the light.** [턴 온 더 라잇]

불을 켜세요.

A: I'm leaving. [아임 리-빙]

지금 나가는 중이에요.

➡ **B: Turn off the light.** [턴 오프 더 라잇]

불을 끄세요.

☆ Vocabulary

· **bored** [bɔːrd] 지루한 · **dark** [dɑːrk] 어두운 · **leaving** [líːviŋ] 나가는/leave동사의 현재분사

단어와 문장

≪전자제품≫

- **fan** [팬] 선풍기
- **radio** [뤠이디오] 라디오
- **internet** [인터넷] 인터넷
- **light** [라잇] 불빛, 전등
- **T.V.** [티비] 텔레비전
- **air conditioner** [에어 컨디셔너] 에어컨
- **telephone** [텔러포운] 전화기
- **computer** [컴퓨러] 컴퓨터

함께 풀어 보세요~!

짝과 서로 현재의 감정과 느낌을 말하고 적당한 제안을 해 보세요. [Sample 답안 255p.]

A: I'm bored.

나는 지루해요.

B: _____. (충고)

_____ 하세요.

B: It's _____.

너무 _____.

A: _____. (충고)

_____ 하세요.

Let's go on vacation.

휴가 갑시다.

What should we do?
[왓 슏 위 두]

우린 무엇을 해야 하나요?

* **Let's wait.**
기다립시다.
[렛츠 웨잇]

* **Let's go on vacation.**
휴가를 떠납시다.
[렛츠 고우 온 베케이션]

* **Let's watch a movie.**
영화를 봅시다.
[렛츠 왓취 어 무비]

* **Let's buy some snacks.**
간식을 삽시다.
[렛츠 바이 썸 스낵스]

* **Let's sleep early tonight.**
오늘 저녁 일찍 잡시다.
[렛츠 슬립 얼리 투나잇]

* **Let's leave soon.**
곧 출발합시다.
[렛츠 리-브 쑨]

☆ **Vocabulary**

· **wait**[weit] 기다리다 · **vacation**[veikéiʃən] 휴가, 방학 · **buy**[bai] 사다 · **snack**[snæk] 간식
· **early**[ə́:rli] 일찍 · **soon**[su:n] 곧

✳ **What should we do?** : 우리는 무엇을 해야 하나요?

이 문장은 상대방의 제안이 필요할 때 사용합니다. 조동사 'should'는 상대방에게 충고할 때 또는 예상과 추측을 표현 할 때에도 사용합니다.

✳ **Let's = Let us** : ~합시다

이 문형은 다른 사람에게 활동을 제안하기 위해 사용됩니다.

⑴ 문장의 시작은 Let's이며 동사의 원형이 바로 이어서 옵니 다.

Let's sleep. [레츠 슬립]

잡시다.

⑵ 타동사인 경우에는 목적어를 덧붙여 말할 수 있습니다.

> **Let's** + 타동사 + 목적어

Let's take the bus. [렛츠 테잌 더 버스]

버스를 탑시다.

Let's buy a sandwich. [렛츠 바이 어 쌘드위치]

샌드위치를 삽시다.

A: What should we eat? [왓 슏 위 잇]

우리 무엇을 먹어야 할까요?

➡   **B: Let's eat rice and meat.** [렛츠 잇 롸이스 앤 밋]

     밥과 고기를 먹어요.

A: No, let's eat hot dogs and hamburgers.

[노우, 렛츠 잇 핫독스 앤 햄버거스]

아니, 핫도그랑 햄버거로 먹죠.

     B: Let's go to a Chinese restaurant.

     [렛츠 고우 투 어 촤이니스 뤠스터란트]

     중국집에 가시죠.

A: OK, let's eat dumplings and noodles there!

[오우케이, 렛츠 잇 덤플링스 앤 누들스 데어]

좋습니다. 거기서 만두랑 면 종류로 드시죠.

☆ Vocabulary

· **restaurant**[réstərənt] 레스토랑. 음식점 · **dumpling**[dʌ́mpliŋ] 만두

단어와 문장

《음식》

- hamburger [햄버거] 햄버거
- pizza [피짜] 피자
- dumpling [덤플링] 만두
- pasta [파스타] 파스타
- noodles [누들스] 면(동양식)
- bread [브뤠드] 빵

- soup [숩] 수프
- meat [밋] 고기
- rice [롸이스] 밥
- potato [포테이토우] 감자
- hot dog [핫독] 핫도그
- salt and pepper [쏠트 앤 페퍼] 소금과 후추

함께 풀어 보세요~!

친구와 무엇을 먹고 싶은지 얘기해 봅시다. 영어로도 간단하게 할 수 있는 표현들이니까 연습해 볼까요? [Sample 답안 255p.]

A: **What should we eat?**

무엇을 먹어야 할까?

B: **Let's eat** _____ .

_____
먹자!

A: **No, let's go to a** _____ **restaurant.**

아니. _____ 로 가자.

B: **Ok, let eat** _____ **there.**

좋아요. 그곳에서 _____ 을/를 먹어요.

I should exercise.

나는 운동해야 합니다.

What should we do?

[왓 슏 위 두]

우린 무엇을 해야 하나요?

* **I should sleep.**

  나는 잠자야 합니다.

  [아이 슏 슬립]

* **I should stop smoking.**

  나는 금연해야 합니다.

  [아이 슏 스탑 스모우킹]

* **I should exercise.**

  나는 운동해야 합니다.

  [아이 슏 엑써사이즈]

* **You shouldn't wear this coat.**

  당신은 이 코트를 입어서는 안 됩니다.

  [유 슈든 웨어 디스 코우트]

* **We shouldn't buy that TV.**

  우리는 저 TV를 사지 말아야 합니다.

  [위 슈든 바이 댓 티비]

* **They shouldn't smoke here.**

  그들은 여기서 담배를 피우지 않아야 합니다.

  [데이 슈든 스모우크 히어]

☆ **Vocabulary**

· **smoking** [smóukiŋ] / **smoke** [smouk] (담배를 피우다)의 동명사형태
· **exercise** [éksərsàiz] 운동 · **buy** [bai] 사다 · **coat** [kout] 코트, 외투

116

✳ should : ~해야 한다

"should"은 추천 받을 때 뿐만 아니라, 하면 좋거나 해야만 할 것에 대한 것일 때도 사용됩니다.

> should + 동사원형

I should rest. [아이 슏 뤠스트] 나는 쉬어야 한다.

She should wear a clean shirt. [쉬 슏 웨어 어 클린 셔-트]
그녀는 깨끗한 셔츠를 입어야 한다.

You should stop crying. [유 슏 스탑 크롸잉]
당신은 울음을 그쳐야 해요.

✳ shouldn't : 하지 말아야 한다.

해서는 안될 것을 제안하거나 금지된 것에 대해 말하기 위해서, "shouldn't"를 사용할 수 있습니다.

I shouldn't sleep late. [아이 슈든 슬립 레잇]
나는 늦게 잠자리에 들면 안 돼.

He shouldn't eat that cake. [히 슈든 잇 댓 케잌]
그는 저 케이크를 먹어서는 안 돼.

✳ stop/start : 멈추다/시작하다

stop이나 start 동사는 일의 시작이나 마침을 표현하며, 일의 대상이 되는 명사가 직접 오거나 동사의 ~ing(동명사형태)가 목적어로 올 수 있습니다.

Stop the car. [스탑 더 카-] 차를 멈추시오.

Stop talking! [스탑 토킹] 얘기를 멈추시오.

Start the movie, please. [스타-트 더 무비, 플리즈] 영화를 시작해 주세요.

Let's start eating. [렛츠 스타-트 이링] 먹기 시작합시다.

117

A: I'm going to the supermarket. What should I buy?
[아임 고잉 투 더 수퍼마켓. 왓 슏 아이 바이]

슈퍼에 갈 건데. 무엇을 사야하나요?

➡ **B: You should buy a tomato.** [유 슏 바이 어 토메이토우]

토마토 하나 사야돼요.

You should buy two carrots. [유 슏 바이 투 캐롯츠]

당근 두개 사야해요.

A: Should I buy some strawberries? [슏 아이 바이 썸 스트로우베뤼스]

딸기를 사야되나요?

➡ **B: Yes, you should.** [예스, 유 슏]

네, 사야됩니다.

A: Should I buy some lettuce? [슏 아이 바이 썸 레러스]

양상추를 사야되나요?

➡ **B: No, you shouldn't.** [노우, 유 슈든트]

아니요, 사지마세요.

☆ **Vocabulary**

· **supermarket** [súːpərmɑ̀ːrkit] 슈퍼마켓 · **lettuce** [létis] 양상추

단어와 문장

≪과일과 야채≫

- tomato [토메이토우] 토마토
- banana [버내너] 바나나
- orange [어륀쥐] 오렌지
- peach [피-취] 복숭아
- lettuce [레러스] 양상추

- carrot [캐롯] 당근
- strawberry [스트로우베뤼] 딸기
- cherry [췌뤼] 체리
- berry [베뤼] 블루베리 등의 베리류 과일
- onion [어니언] 양파

여러분은 장을 보러 갑니다.
짝과 함께 무엇이 필요한지 혹은 무엇을 사야 할지 묻고 답해보세요. [Sample 답안 256p.]

A: I'm going to the supermarket. What should I buy?

슈퍼 갈건 데 뭐 사야 되나요?

B: You should buy _____.

당신은 _____ 을/를 사면 됩니다.

A: Should I buy some _____?

_____ 도 좀 사야 되나요?

B: Yes, you should.

네, 사야 됩니다.

A: Should I buy some _____?

_____ 도 좀 사야 되나요?

B: No, you shouldn't.

아니요, 사지 마세요.

단위와 개수 세기

❋ **What should we buy?** [왓 슏 위 바이]
우리 뭘 사야되나요?

➡ **Let's buy one apple.** [렛츠 바이 원 애플] 사과 하나 삽시다.
Let's buy three carrots. [렛츠 바이 뜨뤼 캐롯츠] 당근 3개 삽시다.
Let's buy some oranges. [레츠 바이 썸 어륀쥐스] 오렌지 몇 개도 삽시다.
Let's buy some lettuce. [렛츠 바이 썸 레러스] 양상추도 좀 삽시다.

- 우리들이 쉽게 셀 수 있는 명사들이 있고, 이들을 가산명사라고 합니다.

one apple 사과 한개 **two apples** 사과 두개 **three apples** 사과 세개

- 이런 명사들의 갯수가 두 개 이상일 때 단어의 끝에 (e)s를 붙여 복수형으로 만듭니다.

apple → apples

- 어떤 명사들은 셀 수가 없습니다.

some lettuce

불가산 명사에는 복수형이 없으며 대신 'some'을 불가산명사의 앞에 함께 사용합니다. 'some'은 가산명사와 불가산명사 모두 사용가능하며 불특정한 양을 나타냅니다.

I'd like some lettuce. [아이드 라잌 썸 레러스] 나는 양상추를 약간 원합니다.

There are some people outside. [데얼 아 썸 피플 아웃사이드]
밖에 사람들 몇명이 있습니다.

불가산명사는 개념이나 감정과 같이 주로 물리적이지 않으며 비가시적이고 갯수로 나뉘어지지 않는 단어들이 많습니다.

다음의 단어들을 살펴봅시다. [Sample 답안 256p.]

┌─ **단어와 문장** ────────────────────────────────────┐

≪불가산명사≫

· **money** [머니] 돈   · **love** [러브] 사랑   · **rice** [롸이스] 쌀

· **water** [워러] 물   · **happiness** [해피네스] 행복   · **friendship** [프뤤쉽] 우정

└──┘

A: **What should we buy?**
우리는 무엇을 사야만 하나요?

B: **Let's buy** _____ .

_____ 을/를 삽시다.

Thomas' Exercises
말하기 쓰기
Exercises

A 다음의 그림을 보고 셀수 있는 단어라면 숫자와 함께 이름을, 셀수 없는 단어라면 "some"와
함께 단어의 이름을 쓰세요. 필요하다면 복수형(-s)으로 나타내세요. [Sample 답안 256p.]

❶ _____

❷ _____

❸ _____

❹ _____

❺ _____

❻ _____

122

B 왼쪽의 문제점들과 오른쪽의 해결방법이 잘 어울리도록 연결해보세요.

❶ I'm hungry! •   • ⓐ Let's turn on the lights.

❷ I'm tired. •   • ⓑ You should wear some warm clothes.

❸ It's cold. •   • ⓒ Eat some apples.

❹ I'm bored. •   • ⓓ Let's watch a movie.

❺ I can't see! •   • ⓔ You should rest.

Anders'
Practice

"명령형(commands), 청유형(let's) 그리고 충고나 제안(should)"등을 이용한 3가지 문형으
문장을 만들어 봅시다. [Sample 답안 256p.]

명령형(COMMANDS)

❶ I'm hungry.

➡ _____.

❷ I feel hot.

➡ _____.

청유형(LET'S)

❸ What should we do today?

➡ Let's _____.

충고나 제안(SHOULD)

❹ I'm bored.

➡ You should _____.

- cookie [kúki]   과자

- sit [sit]   앉다

- stop [stap]   멈추다

- fan [fæn]   선풍기

- key [kiː]   열쇠

- bored [bɔːrd]   지루한

- dark [daːrk]   어두운

- leaving [líːviŋ]   나가는/leave동사의 현재분사

- wait [weit]   기다리다

- vacation [veikéiʃən]   휴가, 방학

- buy [bai]   사다

- snack [snæk]   간식

- early [ə́ːrli]   일찍

- soon [suːn]   곧

- restaurant [réstərənt]   레스토랑, 음식점

- supermarket [súːpərmàːrkit] 슈퍼마켓

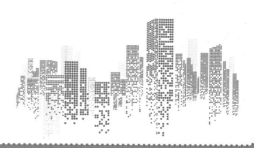

영화에서 배우는 영어

다음의 유명한 영화 대사로 감정적인 영어를 배우며 잠깐 쉬어갑시다!

■ 배트맨 비긴즈 (Batman Begins, 2005)

Why do we fall?
So we can learn to pick ourselves up.

왜 우리는 넘어질까?
우리는 일어서는 것을 배울 수 있기 때문이다.

■ 로마의 휴일 (Roman Holiday, 1953)

Life isn't always what one likes.

삶은 항상 뜻대로 되는 것은 아니다.

■ 오즈의 마법사 (The Wizard of OZ, 1939)

There's no place like home.

내 집만큼 편한 곳은 없다.

■ 포레스트 검프 (Forrest Gump, 1994)

Life is like a box of chocolates.
You never know what you're gonna get.

인생은 초콜렛 상자와 같다.
우리는 그 초콜렛 상자에서 어떤 초콜렛을 꺼낼지 전혀 알수없다.

■ 토요일 밤의 열기 (Saturday Night Fever, 1997)

The only way you're gonna survive is to do
what you think is right.

살아남는 유일한 방법은 옳다고 생각하는 일을 하는것이다.

■ 스파이더맨 2 (Spider-man 2, 2004)

With great power, comes great
responsibility.

큰 힘에는 큰 책임이 따른다.

지금 열거한 영화중에서 본 영화가 있나요? 어떤 종류의 영화를 좋아하세요?
가장 좋아하는 영화는 무엇인가요? 다른 영화의 인상적인 문구나 대사를 생각해 볼 수 있나요?
좋아하는 대사가 있나요?

YES냐 NO냐 이것이 문제!
나라마다 긍정과 부정의 표현 차이가 있습니다.
그럼 함께 알아 볼까요?

Chapter 6

부정문

Negative Sentences
[négətiv]   [séntəns]

I am not from Japan.

나는 일본 출신이 아닙니다.

I am not retired.
나는 은퇴하지 않았다.

✳ **I am not from Japan.**

　　나는 일본 출신이 아닙니다.

✳ **He is not happy today.**

　　그는 오늘 행복하지 않습니다.

✳ **We are not busy these days.**

　　우린 요즘 바쁘지 않습니다.

✳ **Thomas is not here.**

　　토마스는 여기 없습니다.

✳ **I am not interested in that.**

　　나는 저것에 흥미 없습니다.

✳ **I am not afraid of this movie.**

　　난 이 영화가 무섭지 않습니다.

잠깐!

'these days'는 '요즘'이라는 의미로 이 표현 자체에 부사의 의미가 포함되므로 다른 전치사와 결합하여 사용하지 않습니다.

☆ **Vocabulary**

- **busy** [bízi] 바쁜 ・ **be interested in** [bi íntərəstid in] ∼에 관심, 흥미가 있는
- **afraid** [əfréid] 두려운, 무서워하여

✲ 부정문

부정문을 만들기 위해서는 “not”을 사용합니다. 위치는 be동사와 형용사 사이입니다.

I am not hungry.
나는 배고프지 않습니다.

You are not twenty years old.
당신은 스무살이 아닙니다.

She is not my girlfriend.
그녀는 내 여자친구가 아닙니다.

✲ from : ~에서 부터, ~로 부터

전치사 “from”은 출신지나 유래를 표현하기 위해서 쓰이기도 합니다.

I am from Korea.
나는 한국출신입니다.

This dress is from Paris.
이 드레스는 파리에서 온 것입니다.

✲ 형용사와 전치사

영어에서는 형용사 또는 동사가 전치사와 결합한 많은 구절이 있습니다. (108쪽에서 이미 학습한 pick up, put on등) 이것들은 이루어지는 특정한 규칙이 있는것이 아니라 관용적으로 사용되는 숙어입니다.

interested in ~에 관심이 있는
afraid of ~을 두려워하는
tired of ~가 싫증난, 지겨워진
thinking of ~에 대하여 생각하다

A: Hi Anders. Are you busy today?

안녕, 앤더스. 지금 바쁘세요?

➡ **B: No, I am not busy.**

아니요, 바쁘지 않아요.

A: Are you working these days?

당신은 요즘 일하고 계신가요?

➡ **B: I am not working. I am retired.**

저는 일하지 않아요. 은퇴했거든요.

A: Is your husband retired too?

당신 남편도 은퇴하셨나요?

➡ **B: No, he is not retired. He is still working.**

아닙니다. 은퇴 하지 않았습니다. 남편은 여전히 일하고 있습니다.

☆Vocabulary

· **still** [stil] 여전히 · **retired** [ritáiərd] 은퇴한

≪사회적 지위(상태)≫

· busy 바쁜
· single 미혼인
· married 결혼한
· unemployed 실직 상태인
· rich 부유한
· poor 가난한
· retired 은퇴한
· working 일하는
· famous 유명한
· bored 지루한

함께 풀어보세요~!

위에서 학습한 단어들을 이용하여 짝과 함께 다양한 질문을 하고 답해보세요. [Sample 답안 256p.]

A: **Are you** _____?

당신은 _____ 인가요?

B: **Yes, I am** _____.

네, 저는 _____ 합니다.

No, I'm not _____.

아니오, 저는 _____ 않습니다.

A: **Are you** _____ **these days?**

당신은 요즘 _____ 한가요?

B: **Yes, I am** _____ **these days.**

네, 저는 요즘 _____ 입니다.

전치사

❋ Where is the key?
열쇠는 어디 있나요?

➡️ **The key is not on the table.**
테이블 위에 없어요.

The key is not under the couch.
소파 아래에 없어요.

The key is not between the pillows.
베개 사이에 없어요.

The key is not next to the plant.
화분 옆에 없어요.

The key is not behind the fridge.
냉장고 뒤편에 없어요.

I found it! The key is in my hand!
찾았다! 내 손안에 있었어!

● 영어에는 다양한 전치사가 있어서 어떤 것의 위치를 구체적으로 표현합니다. 명사 앞에 전치사를 써서 어디에 있는지 없는지를 나타낼 수 있습니다.

우리말에는 없는 전치사란 존재는 이해하고 설명하기 힘든 것 중 제일입니다. 시간이나 공간을 표현하는 대표적 수단이 전치사이며, 그 중 가장 대표적인 것이 at/on/in이 있습니다. "at"은 점이나 초점이 연상되고, "on"은 선이나 면이 떠오르는 이미지, 마지막으로 "in"은 입체적인 공간의 이미지를 생각하시면 됩니다.

☆ Vocabulary
· **couch**[kauʧ] 소파 (발음주의) · **pillow**[píʃou] 베개
· **fridge**[fridʒ] 냉장고 → **refrigerator**[rifrídʒərèitər]의 편한 표현 · **hand**[hænd] 손

> **단어와 문장**
>
> ≪전치사≫
>
> • at (지점·위치의 한점) ~에서   • on 위에(보통 면이나 선에 접촉해 있을 때)
>
> • in front of ~의 앞쪽에   • in 안에(입체적 공간)
>
> • between ~사이에   • under 아래쪽에
>
> • next to ~의 옆에 / by ~의 옆, 곁에   • behind 뒤의

주변에 있는 물건의 위치에 대해서 서로 얘기해 볼까요?   [Sample 답안 256p.]

A: Where is the _____**?**

_____ 은/는 어디에 있나요?

B: The _____ **is** _____

_____ 은/는 _____ 에 있습니다.

The _____ **is not** _____

_____ 은/는 _____ 에 있지 않아요.

Don't eat that.

저것은 먹지 마세요.

Don't do that!
그러지 마세요!

* **Don't worry.**

   걱정마세요.

* **Don't eat that.**

   저것은 먹지마세요.

* **Don't go there.**

   거기 가지마세요.

* **We don't live in Seoul.**

   우리는 서울에 살지않는다.

* **She doesn't like him.**

   그녀는 그를 좋아하지 않는다.

* **I don't sleep in the kitchen.**

   나는 부엌에서 자지않는다.

☆ Vocabulary

· **worry**[wə́:ri] 걱정하다 · **live**[liv] 살다 · **kitchen**[kítʃən] 부엌

✳ Don't : ~ 하지 마세요.

Don't는 do not의 축약형입니다. 상대방에게 '하지 말라'고 하거나 무엇이 금지되었나를 표현을 할 때 "Don't"을 명령문 앞에 붙여서 말합니다.

Don't shout. 소리치지 마라.

Don't cry. 울지 말아라.

Don't sit here. 여기 앉지 마시오.

또한 습관이나 사실에 대해서 얘기할 때도 "don't/doesn't"을 사용할 수 있습니다.

I live in Gangnam. → **I live not in Gannam** (X)

→ **I do not live in Gangnam.** (O)
나는 강남에 살지 않는다.
(do not의 위치에 주의)

He sings well. → **He sings not well.** (X)

→ **He doesn't sing well.** (O)
그는 노래를 그다지 잘하지않는다.

✳ in : ~의 안에

전치사 'in'은 우리말의 '~안에'와 유사한 의미로 무언가가 상자, 주머니, 건물, 지역등의 안에 있음을 표현합니다.

The food is in the box.

그 음식이 상자 안에 있습니다.

The keys are in the car.

그 열쇠는 차 안에 있습니다.

A: Don't eat in the basement.

지하실에서 먹지마세요.

➡ **B: You should eat in the kitchen.**

부엌에서 먹어야 합니다.

A: Don't wash in the hallway.

복도에서 씻지마세요.

➡ **B: You should wash in the bathroom.**

욕실에서 씻어야 합니다.

A: Don't sleep in the kitchen.

부엌에서 자지마세요.

➡ **B: You should sleep in the bedroom.**

침실에서 자야 합니다.

A: Don't run in the living room.

거실에서 달리지마시오.

➡ **B: You should run in the garden.**

당신은 정원에서 달려야 합니다.

☆ **Vocabulary**

· **wash**[waʃ, wɔːʃ] 씻다 · **run**[rʌn] 달리다 · **basement**[béisment] 지하실

138

단어와 문장

≪집에 관련된 단어들≫

· kitchen 부엌
· bedroom 침실
· bathroom /restroom 화장실
· basement 지하실

· hallway 복도
· living room 거실
· garden 정원
· garage 차고

함께 풀어 보세요~!

주말에 집에 있을 건가요? 그렇다면 집안의 어떤 공간에서 무엇을 할건지 짝과 서로 대화해 봅시다. [Sample 답안 256p.]

A: **Where should I _____?**

　　제가 어디에서 _____ 을/를 해야 할까요?

　　　　　　　　B: **Don't _____ in the _____.**

　　　　　　　　　　_____ 에서 _____ 하지마세요.

　　　　　　　　You should _____ in the _____.

　　　　　　　　당신은 _____ 에서 _____ 해야합니다.

Thomas' 말하기 쓰기
Exercises

A   'not'을 사용하여 다음의 문장을 부정문으로 만들어봅시다.   [Sample 답안 256~257p.]

1 I am a man.

➡ _____

2 He is retired

➡ _____

3 I can sing well.

➡ _____

4 The dog is in the living room.

➡ _____

B   다음 그림을 보고 올바른 전치사를 써봅시다.

1 The ball is _____ the table.

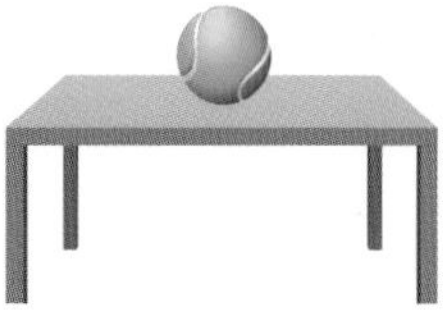

2 The ball is _____ the T.V.

3 The ball is _____ the chair.

4 That ball is _____ the box.

C 다음의 그림들을 어떤 장소에서 볼 수 있을까요?

❶ _____

❷ _____

❸ _____

❹ _____

❺ _____

❻ _____

Anders' Practice

아래에 주어진 장소나 상황에서 해서는 안 되는 것을 얘기해 봅시다. [Sample 답안 257p.]

❶ Work

➡ I do not _____ at work.

❷ Bedroom

➡ I _____ in the bedroom.

❸ Bathroom

➡ I _____ in the bathroom.

❹ English class

➡ I _____ in English class.

❺ Restaurant

➡ I _____ in a restaurant.

- busy [bízi]   바쁜
- be interested in [íntərəstid, -tərèst-]   ~에 흥미있는
- still [stil]   여전히
- couch [kautʃ]   소파 (발음주의)
- pillow [pílou]   베개
- fridge [fridʒ]   냉장고 (refrigerator [rifrídʒərèitər]의 편한 표현)
- hand [hænd]   손
- worry [wə́ːri]   걱정하다
- live [liv]   살다
- kitchen [kítʃən]   부엌
- wash [waʃ, wɔːʃ]   씻다
- run [rʌn]   달리다

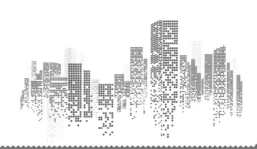

팝송으로 배우는 영어

유명한 팝송으로 재밌게 영어를 배워보기 위해서 스티비 원더의 노래 "I just called to say 'I love you'"와 올리버 후드가 작곡한 "You Are My Sunshine"을 소개합니다.

I just called to say "I love you".
그저 그대를 사랑한다 말하려 전화했어요.

I just called to say how much I care.
그대를 얼마나 아끼고 있는지 말하려 전화했어요.

I just called to say I love you.
그저 그대를 사랑한다 말하려 전화했어요.

And I mean it from the bottom of my heart.
가슴 깊은 곳에서 우러나오는 나의 진심입니다.

스티비 원더는 "I just called to + verb"라는 문형을 반복해서 써서 전화를 건 속 마음을 알기 쉽게 표현했습니다. "just"라고 말함으로써 무심결에 전화걸게 되었다고 속삭이듯 노래하고 있습니다.
또한 그는 "from the bottom of my heart"라고 감미롭게 노래하며 그의 진심을 담고 있습니다.

위의 노랫말을 응용한 다음의 예문들을 살펴보세요.

Hi, Anders. It's Tom. I just called to say hello.
앤더스, 나야 톰. 안부 궁금해서 전화했어.

I just called to ask about your health.
난 그냥 네가 건강한지도 궁금하고 말야.

I mean it from the bottom of my heart.
내 맘 속 깊은 곳에서 나온 진심이야.

From the bottom of my heart, thank you so much.
정말 진심으로 감사해요.

▪ I Just Called To Say I Love You

스티비 원더(Stevie Wonder, 1950~)가 부른 영화 '우먼 인 레드(The Woman In Red, 1984)'의 주제가 입니다. 이 노래로 그 해 골든 글로브 주제가상(Golden Globe for Best Original Song)과 아카데미 주제가상(Academy Award for Best Original Song)을 받으면서 스티비 원더는 일약 세계적인 가수의 반열에 들게 되었습니다.

"You Are My Sunshine"원곡은 Oliver Hood(올리버 후드)가 작곡하여 1939년에 발표했지만, 1940년에 싱어송라이터였던 Jimmy Davis(지미 데이비스)와 Charles Mitchell(찰스 미첼)이 노래한 앨범이 알려져 인기를 얻었습니다. 30여 개국 언어로 350번 이상 리바이벌된 노래기도 하며, 우리나라에서는 "너는 내운명"이란 영화에서 전도연과 황정민이 부르기도 했습니다.

You are my sunshine, my only sunshine.
그대는 나의 태양, 나의 유일한 태양.

You make me happy, when skies are grey.
그대는 하늘이 흐릴 때 나를 행복하게 해주죠.

You'll never know, dear how much I love you.
그대는 절대 모를 거에요. 내가 그대를 얼마나 사랑하는지.

Please don't take my sunshine away.
제발 나의 태양을 앗아가지 말아요.

"You make me + 감정형용사"라는 문장형태와 접속사 "when"이용해서 어떤 상황에서 상대방 때문에 감정 변화가 있음을 보여줍니다.

You make me smile when you tell a joke.
당신이 농담을 할 때 당신은 저를 미소짓게 한답니다.

When I feel sad, this movie makes me happy.
슬플 때 이 영화는 나를 행복하게 합니다.

▪ **How much** (얼마나 많이: 셀 수 없는 것의 양을 표현)

우리는 'how much"라는 구문을 무엇인가의 양을 표현하기 위하여 사용할 수 있습니다. 이 노래에서 가수는 "how much I love you"라고 자신이 얼마나 많이 상대방을 사랑하는지 노래합니다.

How much do you love me? 당신은 나를 얼마나 많이 사랑하나요?
You don't know how much I love you. 당신은 내가 당신을 얼마나 사랑하는지 모릅니다.

가장 좋아하는 영어 노래가 무엇입니까? 알고 있는 영어노래의 가사가 있나요?
학급의 친구들을 위해 그 노래를 한 번 불러보는게 어때요!

"이 분은 당신의 어머니인가요? 그녀는 고기를 먹나요? 당신은 기타를 칠 수 있나요?
당신은 어떤 음식을 좋아하세요?"... 궁금한게 너무 많아요.
영어로 어떻게 물어보면 좋을까요?

Chapter 7

질문하기(의문문 만들기)

Asking Questions
[æskiŋ]   [kwéstʃən]

Is this your house?
이것은 당신의 집입니까?

Is this your house?
이것은 당신의 집입니까?

* **Is this your address?**
  이것은 당신의 주소입니까?

* **Is that your girlfriend?**
  저분은 당신의 여자친구입니까?

* **Are you tired?**
  당신은 피곤한가요?

* **Are you scared?**
  당신은 겁이나나요?

* **Are you going home?**
  당신은 집으로 가나요?

* **Is he rich?**
  그는 부자인가요?

* **Is he your friend?**
  그는 당신의 친구인가요?

* **Is she a teacher?**
  그녀는 선생님인가요?

☆ **Vocabulary**

- **address** [ədrés] 주소 · **girlfriend** [gɚrl frend] 여자친구 · **scared** [skɛərd] 무서운
- **rich** [riʧ] 부유한, 부자의

✱ be동사의 의문문 만들기

영어에서 보통 문장은 주어에서 시작되고 다음에 동사가 옵니다.

This is your house.
이것은 당신의 집입니다.

You are tired.
당신은 피곤하다.

질문하기 위해서는 동사와 주어의 위치를 서로 바꿔야 합니다. 의문문은 동사부터 문장이 시작되기 때문입니다. 마지막으로 문장의 끝에 물음표를 붙입니다.

This is your house. 이것은 당신의 집입니다.	→ **Is this your house?** 이것은 당신의 집입니까?
You are tired. 당신은 피곤합니다.	→ **Are you tired?** 당신은 피곤합니까?

아래 예문들을 살펴보면서 배워 보세요.

He is rich. 그는 부자다.	→ **Is he rich?** 그는 부자인가?
She is a doctor. 그녀는 의사다.	→ **Is she a doctor?** 그녀는 의사인가?
I am late for work. 나는 직장에 늦는다.	→ **Am I late for work?** 나는 직장에 지각하는가?

주로 be동사의 의문문은 어떤 사람의 감정, 사회적 위치, 외모, 성향을 묻기에 좋으며 또한 날씨, 계절 등과 사물이나 사건의 특징등을 묻기에도 좋습니다.

A: Is this your house?

이것은 당신의 집인가요?

➡ **B: Yes, that's my house.**

네, 저건 저의 집입니다.

A: Is this your address?

이건 당신의 주소인가요?

➡ **B: No, this is not my address.**

아니요, 이건 저의 주소가 아니예요.

A: Is that your grandfather?

저쪽 분은 당신의 할아버지신가요?

➡ **B: No, that's my uncle.**

아닙니다, 저분은 저의 삼촌입니다.

A: Is that your girlfriend?

저쪽은 당신의 여자친구인가요?

➡ **B: Yes, that's my pretty girlfriend.**

네, 저쪽은 저의 예쁜 여자친구입니다.

단어와 문장

≪가족≫

- grandfather 할아버지
- grandson 손자
- son-in-law 사위
- uncle 삼촌
- girlfriend 여자친구(애인)

- grandmother 할머니
- granddaughter 손녀
- daughter-in-law 며느리
- aunt 이모, 고모, 숙모, 아주머니
- boyfriend 남자친구(애인)

함께 풀어 보세요~!

휴대폰의 가족사진을 보면서 짝과 함께 대화해 봅시다. [Sample 답안 257p.]

A: **Is this your** _____?

이 분은 당신의 _____ 인가요?

B: **Yes, that is my** _____.

네, 저분은 제 _____ 입니다.

Is that your _____?

저분은 당신의 _____ 인가요?

A: **No, that is not my** _____.

아니오, 저분은 제 _____ 가 아닙니다.

That's my _____.

저분은 제 _____ 입니다.

Do / Can / Will you eat meat?

당신은 고기를 먹나요? / 먹을 수 있나요? / 먹을 건가요?

Do you eat meat?
당신은 고기를 먹나요?

✳ **Does she come from Korea?**

그녀는 한국에서 왔나요?

✳ **Can you carry this box?**

당신은 이 상자를 옮길 수 있나요?

✳ **Can she meet us tonight?**

그녀는 오늘 저녁 우리를 만날 수 있나요?

✳ **Will you visit me tomorrow?**

당신은 내일 저를 찾아오실건가요?

✳ **Will they bring the books?**

그들은 그 책들을 가져 오나요?

☆ Vocabulary

· **meat**[miːt] 고기(육류) · **carry**[kǽri] 휴대하다 · **box**[baks] 상자 · **bring**[briŋ] 가져오다

✻ **Do, Can, Will**이 있는 문장의 의문문 만들기

be동사 외에도 do, can, will 등으로 시작되는 의문문을 만들 수 있습니다.

✻ **Do** 의문문 = 습관

Do의문문은 그 사람이 주로 무엇을 하는지를 묻기 위해서 쓰여집니다.

Do you work here? 여기서 일하시나요?

Do you like her? 그녀를 좋아하나요?

Do you want some apples? 당신은 사과를 좀 원하나요?

✻ **Can** 의문문 = 능력

Can의문문은 그 사람이 무엇을 할 수 있는가를 묻기 위해 사용합니다.

Can you speak English? 당신은 영어로 말할 수 있나요?

Can you drive a car? 당신은 차를 운전할 수 있나요?

Can you swim well? 당신은 수영을 잘할 수 있나요?

✻ **Will** 의문문 = 미래

Will의문문은 미래에 무슨 일이 일어날 지에 관해 물을 때 사용합니다.

Will we meet tomorrow? 우리 내일 만날까요?

Will he marry her? 그는 그녀와 결혼하나요?

A: Do you visit the beach? 해변으로 가세요?

➡ **B: Yes, I do.** 네. 갑니다.

A: Do you like the mountains? 당신은 산을 좋아하세요?

➡ **B: No, I don't.** 아니오. 좋아하지 않아요.

A: Can you climb this tree? 이 나무에 올라갈 수 있나요?

➡ **B: Yes, I can.** 예. 할 수 있습니다.

A: Can you pick up this rock? 이 바위를 들어올릴 수 있나요?

➡ **B: No, I can't.** 아니요. 할 수가 없습니다.

A: Will you swim in the ocean? 당신은 바다에서 헤엄을 칠 건가요?

➡ **B: Maybe.** 아마도요.

A: Will you go to the mountains? 당신은 산으로 갈건가요?

➡ **B: Maybe.** 아마도요.

 Vocabulary

· **climb** [klaim] 오르다 · **pick up** [pik ʌp] ~을 집어올리다 · **swim** [swim] 수영하다

154

박스안의 단어와 문장을 활용하여 대화해 봅시다.

┌─ 단어와 문장 ───
│   ≪자연≫
│
│ · mountain 산   · tree 나무   · river 강
│ · leaf 나뭇잎   · stream 시내   · rock 바위
│ · sand 모래   · sky 하늘   · ocean 바다(대양)
│ · beach 해변, 바닷가
└──

짝과 함께 서로 '좋아하는 것, 할 수 있는 것, 할 예정인 행동' 등을 묻고 답해보세요.
[Sample 답안 257p.]

A: Do you like _____ **?**

    당신은 _____ 을/를 좋아하나요?

            B: Yes, I do. / No, I don't.

              네, 좋아해요. / 아니오, 좋아하지 않아요.

A: Can you _____ **?**

    당신은 _____ 을/를 할 수 있나요?

            B: Yes, I can. / No, I can't. / Maybe.

              네, 할 수 있습니다. / 아니오, 못합니다. / 아마도요.

A: Will you _____ **?**

    당신은 _____ 을/를 할 것입니까?

            B: Yes, I will. / No, I won't. / Maybe.

              네, 그럴거예요. / 아니오, 그러지 않을겁니다. / 아마도요.

• 동사 "borrow"를 사용해서 무언가를 요청하기 •

※ Excuse me ...
실례합니다.

➡ **Can I borrow your phone?**
휴대폰 좀 빌려 쓸 수 있을까요?

Can I borrow your CD?
CD 좀 빌릴 수 있을까요?

Can I borrow that calculator?
저 계산기 좀 빌릴 수 있을까요?

Can we borrow your mouse?
마우스 좀 빌려 주실래요?

※ OK. Here you go.
네. 여기 있습니다.

- Can I borrow : "borrow"는 '빌리다'라는 뜻이고, 누군가에게 요청해서 사용하기 위해서 쓰이는 동사입니다.
- Excuse me : 누군가에게 잠깐 방해가 될 때나 주위를 끌어야 할 때 자연스럽게 "Excuse me"란 말로 대화를 시작합니다.
- Here you go : "Here you go"는 '자, 여기 있어.'라는 뜻으로 물건 등을 넘겨 줄 때 쓰는 표현입니다.

≪전자제품≫

· computer 컴퓨터
· keyboard 키보드
· camera 사진기
· phone 전화기

· mouse 마우스
· printer 프린터
· calculator 계산기
· CD 컴팩트 디스크(CD)

주변 사람들과 서로 물건 빌리거나 빌려주는 상황을 연습해 볼까요? [Sample 답안 257p.]

A: Excuse me, can I borrow your _____ ?

실례합니다. 당신의 _____ 을/를 빌릴 수 있을까요?

B: OK, here you go. 좋아요. 여기 있어요.
Can I borrow your _____ ?

당신의 _____ 을/를 빌릴 수 있을까요?

A: Yes, here you go. 그럼요. 여기 있어요.

What is your name?

이름이 뭐예요?

What is your name?
이름이 뭐예요?

* ### What is that?
   저것은 뭔가요?

* ### What do you want?
   당신은 무엇을 원하세요?

* ### What food do you like?
   당신은 어떤 음식을 원하세요?

* ### What car do you drive?
   당신은 어떤 차를 운전하세요?

* ### What time is it?
   몇 시인가요?

☆ **Vocabulary**

· **time**[taim] 시간 · **name**[neim] 이름 · **food**[fuːd] 음식

✳ "what"으로 시작하는 의문문

지금까지는 be동사를 사용하는 의문문을 배웠는데 그 외에도 의문사를 이용하여 의문문을 만들수도 있습니다. 'what, who, where, when, why, how, which' 등 다양한 의문사 가운데 what은 주로 시간, 이름, 선호도, 바람 등을 물을 때 사용됩니다.

What is your name?
당신의 이름은 뭔가요?

What time is it?
몇 시인가요?

What clothes do you like?
어떤 옷을 좋아하세요?

"what" 뒤에는 be동사, 조동사, 명사 등이 주로 위치합니다.

What is that?
저것은 무엇인가요?

What will we eat?
우리는 무엇을 먹어야 할까요?

What should we do?
우리는 무엇을 해야 할까요?

What city should we visit?
우리는 어떤 도시를 가야할까요?

A: What time is it?
몇 시인가요?

➡ **B: It's 10:30**
10시 30분 입니다.

A: What food do you like?
어떤 음식을 좋아하세요?

➡ **B: I like kimchi jjigae.**
김치찌개를 좋아합니다.

A: What city are you from?
어떤 도시 출신이세요?

➡ **B: I am from Ulsan.**
저는 울산 출신입니다.

A: What transportation do you use?
어떤 대중교통 수단을 이용하세요?

➡ **B: I drive a car.**
저는 차를 운전합니다.

I take the subway.
저는 지하철을 이용합니다.

☆ Vocabulary
· **city**[síti] 도시 · **transportation**[trænspərtéiʃən] 대중교통 수단

단어와 문장

≪대중교통 수단≫

· **car** 차　　　　　　· **bus** 버스　　　　　　· **taxi** 택시

· **subway** 지하철　　· **bus stop** 버스 정거장　　· **boat** 배

· **subway/train station** 지하철역　　　　· **plane** 비행기

짝과 함께 다음 질문을 하고 답을 해봅시다. [Sample 답안 257p.]

A: **What time is it?** 몇 시 입니까?

　　　　B: **It is** _____.

　　　　　　　　　_____ 시 입니다.

A: **What city are you from?** 어느 도시에서 오셨나요?

　　　　B: **I am from** _____.

　　　　　　저는 _____ 출신입니다.

A: **What transportation do you use?** 어떤 대중교통 수단을 이용하세요?

　　　　B: **I** _____.

　　　　　　저는 _____ 을/를 이용합니다.

A: **What** _____ **do you like?**

　　당신은 어떤 _____ 을/를 좋아합니까?

　　　　B: **I like** _____.

　　　　　　저는 _____ 을/를 좋아해요.

● "What / Where / When / Who / Why / How" 육하원칙 의문문 ●

✻ **What is your name?**
이름이 뭐예요?

➡ **My name is Thomas.**
토마스입니다.

✻ **Where do you live?**
어디에 사세요?

➡ **I live in Seoul.**
서울에서 살고 있습니다.

✻ **When were you born?**
언제 태어나셨나요?

➡ **I was born in 1975.**
1975년에 태어났습니다.

✻ **Who do you like?**
당신은 누구를 좋아하세요?

➡ **I like my brother, Anders.**
제 동생 앤더스를 좋아합니다.

✻ **Why are you studying English?**
왜 영어공부를 하시나요?

➡ **Because I like to travel.**
여행을 좋아해서요.

✻ **How do you study English?**
어떤 방식으로 영어를 공부하세요?

➡ **With an English Paparazzi book.**
영어 파파라치 시리즈로 합니다.

이전 장에서 언급한 것처럼 의문사로 시작하는 의문문은 시간, 장소, 이유, 방법, 어떤 사람(누구) 등을 묻기 위한 표현이 됩니다. 또한 다른 동사와 함께 짝을 이뤄 사용됩니다.

❋ **what** : 정보/무엇

What is your job? 당신의 직업은 무엇인가요?
What shoes do you like? 당신은 어떤 신발을 좋아하세요?

❋ **where** : 장소/어디

Where is the subway station? 지하철역은 어디인가요?

❋ **when** : 시간/언제

When do you go to work? 당신은 몇시에 출근하나요?

❋ **who** : 인물/누구

Who is she? 그녀는 누구인가요?

❋ **why** : 이유/왜

Why are you tired? 당신은 왜 피곤한가요?

❋ **how** : 방법, 조건/어떻게

How do you turn on this computer? 이 컴퓨터를 어떻게 켜나요? (방법)
How is the weather today? 오늘 날씨가 어떤가요? (조건)

Thomas' 말하기 쓰기
Exercises

A 다음의 질문들과 정답을 연결하세요. [Sample 답안 257~258p.]

❶ Do you like the ocean? •

• ⓐ No, I won't.

❷ Can I borrow your car? •

• ⓑ Yes, you can.

❸ Will you take a taxi? •

• ⓒ It is 3 p.m.

❹ Are you Anders? •

• ⓓ No, I'm Thomas.

❺ What time is it? •

• ⓔ Yes, I do.

B 서로 잘 어울리는 그림끼리 연결하고 단어를 쓰세요.

❶  •

• ⓐ

_____

_____

❷  •

• ⓑ

_____

_____

❸  •

• ⓒ

_____

_____

❹  •

• ⓓ

_____

_____

❺  •

• ⓔ

_____

_____

Anders'
Practice

다음의 질문을 하며 여러분의 짝을 인터뷰해 보세요. [Sample 답안 258p.]

❶ What is your name?

→ My name is _____.

❷ Where do you live?

→ I live in _____.

❸ When were you born?

→ I was born in _____.

❹ Who do you like?

→ I like _____.

❺ Why are you studying English?

→ Because _____.

❻ How do you study English?

→ With / by / in _____.

- address [ədrés] — 주소
- girlfriend [gəːrl frend] — 여자친구, 애인
- scared [skɛərd] — 무서운
- rich [ritʃ] — 부유한, 부자의
- meat [miːt] — 고기 (육류)
- carry [kǽri] — 휴대하다, 옮기다
- box [baks] — 상자
- bring [briŋ] — 가져오다
- climb [klaim] — 오르다
- pick up [pik ʌp] — ~을 집어올리다
- swim [swim] — 수영하다
- time [taim] — 시간
- transportation [trænspərtéiʃən] — 교통수단

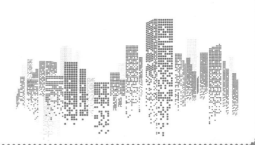

콩글리쉬에서 배우는 영어

한국에서 영어를 배우기 힘든것 중 하나는 올바르지 못한 영어 단어를 사용하고 있는 경우 때문입니다. 때때로 올바른 영어와 콩글리쉬를 구별하는 것은 쉽지 않지요. 여기에 흔히 사용되는 콩글리쉬 단어들과 그에 해당하는 올바른 영어 단어들을 알려드립니다.

- 이너웨어 → underwear [ʌndərwɛər]
  속옷이란 팬티, 브라, 남성용 사각 팬티등을 일컫는 단어입니다. 우리는 이 의류들을 겉옷의 속에 입기 때문에 'underwear'라고 부릅니다.

- 와이셔츠(Y-shirt) → dress shirt [dres ʃɔːrt]
  여기에 열거한 몇개의 콩글리쉬 단어들은 일본식 영어에서 온 것인데 와이셔츠도 마찬가지 입니다. 'dress shirt'는 우리가 잘 차려입은 정장을 입고 타이를 맬 수 있는 셔츠를 말합니다.

- 오토바이 → motorcycle [móutərsàikl]
  오토바이도 일본식 영어입니다. 대신 'motorcycle'라고 하는데 일종의 전동 모터가 달린 자전거이기 때문입니다.

- 휴대폰, 핸드폰 → cell phone / mobile phone [sel foun] / [móubail foun]
  핸드폰이라는 표현은 싱가포르식 영어에서 온 표현입니다. 미국이나 영국에서는 거의 쓰이지 않습니다. 핸드폰 이라는 표현 대신 cell(cellular) phone, mobile phone과 같은 단어를 사용하도록 합시다.

- 사이다(cider) → sprite / 7UP [sprait] / [sèvnʌp]
  'cider'는 알코올 성분이 들어있기도 하며 주로 발효시킨 사과로 만든 음료를 말합니다. 그냥 탄산음료를 말할 때는 'Soda Pop'입니다.

- 리모컨 → remote control [rimóut kəntróul]
  TV채널을 돌릴 때 사용하는 리모콘은 리모트 컨트롤(remote control)의 일본식 발음입니다. 종종 축약하여 "the remote"라고 말하기도 합니다.

- 컨닝(cunning) → cheating [tʃíːtiŋ]

  한국에서는 시험을 볼 때 부정한 행위를 두고 '컨닝'이라고 하는데요. 미국에서는 부정행위를 '치팅(cheating)'이라고 한답니다. 실제 컨닝의 뜻은 간교한 술수를 부리는 사람들을 일컫습니다.

- 리베이트(rebate) → bribe [braib]

  우리는 이 말을 '뇌물(bribe)'과 같은 뜻으로 쓰고 있지만 Rebate의 본 뜻은 (초과 지불한 금액의) 환불, 어음 따위의 '할인(discount)'이란 뜻 입니다. 또 동사로는 받은 돈의 일부를 되돌려주는 뜻 으로도 쓰입니다. 뇌물과는 거리가 먼 낱말이죠. 이 상황에서 바르게 쓸수 있는 단어는 'bribe' 혹은 'kickback'입니다.

- 아이쇼핑(eye shopping) → window shopping [wíndou ʃápiŋ]

  쇼핑을 가서 아무것도 사지 않은 채 구경만 하는것을 'window shopping'이라고 하는데 상점 안으로 들어가 무엇을 산다기 보다는 창문 너머로 구경만 한다는 의미이기 때문입니다.

- 호치키스 → stapler [stéiplər]

  이 단어 또한 잘못된 일본식 영어로 건너왔습니다. 호치키스는 'E.H Hotchkiss Company"라는 1900년대 스테이플러를 최초로 제조한 회사중 하나입니다.

- 펑크 → flat tire [flæt taiər]

  자동차 바퀴의 바람이 빠질 때 영어로는 "flat(플랫, 납작한)" 타이어 라고 합니다. '펑크'는 콩글리쉬인데 바람이 새갈 수 있을 만한 구멍이나 작은 틈을 말하는 명사인 "puncture(펑츄어, 구멍)" 에서 온 것입니다. 이 표현은 "flat tire(플랫타이어)" 보다는 덜 쓰이지만 "My tire has a puncture.(제 차 바퀴가 펑크가 났습니다.)"라고 말할 수 있습니다. 하지만 puncture(펑츄어)와 펑크는 발음이 다름을 기억하세요.

- 화이팅 → Let's go! [lets gou], Alright [ɔːlráit], Come on [kʌm ən], Shoot [ʃuːt], Pass [pæs], Run [rʌn], Good luck [gud lʌk]

  이 표현은 아마도 가장 유명한 콩글리쉬 표현일 것입니다. 왜냐면 이 표현은 매우 다양한 상황에서 광범위하게 쓰여지기 때문입니다. 영어로 정확히 같은 의미의 표현은 없지만 만약 여러분이 누군가를 응원하여 기운을 북돋아주기를 원한다면 가장 적절한 표현은 "Let's go!(렛츠 고우)", "Alright(올롸잇)", "Come on(컴온!) 혹은 "Shoot!(슛!), Pass(패쓰), Run!(런)"과 같이 상황에 따라 더 정확하게 표현할 수 있을 것입니다. 그리고 만약 여러분이 누군가의 행운을 빌어준다면 간단하게 "Good luck."이라고 말할 수 있겠지요.

> 여러분이 알고 있는 다른 콩글리쉬가 있나요?
> 여러분의 생각으로는 영어를 배우고 말하기에 콩글리쉬가 도움이 되요 혹은 그렇지 않나요?

과거가 모여서 현재가 되었고 현재가 지나가면 또 다시 과거가 되겠죠?
하지만 우리에겐 밝은 미래가 있잖아요! 이처럼 영어의 다양한 시제를 배워봅시다.

미래, 과거, 진행형 시제

Future, past and continuous
[fjúːtʃər]   [pæst]   [kəntínjuəs]

I am watching T.V.
나는 TV시청 중입니다.

What are you doing now?
당신은 뭐 하는 중이신가요?

✻ **I am watching T.V.**

나는 TV시청 중입니다.

✻ **I am reading a book.**

나는 책 읽는 중입니다.

✻ **He is playing piano.**

그는 피아노 치는 중입니다.

✻ **She is wearing a pink dress.**

그녀는 분홍색 드레스를 입고 있습니다.

✻ **They are studying English.**

그들은 영어를 공부하는 중입니다.

✻ **We are working in Jong-ro.**

우리는 종로에서 일하고 있습니다.

☆ **Vocabulary**

· **now** [nau] 지금 · **piano** [piǽnou] 피아노 · **English** [íŋgliʃ] 영어

✽ 현재분사(동사의 ing형)

말하는 순간에 일어나는 일을 표현하기 위해 동사 + ing(현재분사) 형태를 사용합니다.

watch 보다 → **watching** 보는 중이다

work 일하다 →**working** 일하는 중이다

go 가다 → **going** 가는 중이다

진행형은 당신이 바로 그 시점에 무엇을 하는지를 묘사하기 위해 사용됩니다. 이런 문장을 만들기 위해서 be동사 뒤에 동사의 -ing형을 둡니다.

I am reading a book.

나는 책을 읽는 중이다.

He is eating lunch.

그는 점심을 먹는 중이다.

We are watching a movie.

우리는 영화를 보는 중이다.

 잠깐!

현재진행형은 현재 어떤 동작이 일어나고 있음을 나타낼 때는 물론이고 현재의 반복적이고 습관적인 행동이나 미래를 의미하는 단어 (tomorrow, this weekend 등)와 함께 쓰이면 가까운 미래의 예정되거나 계획된 행동까지도 표현할 수 있습니다.
그러면 진행형 동사를 만드는 요령을 살펴볼까요? 보통은 cook-cooking 처럼 동사의 원형에 ing를 붙여요. 그런데 때로 dance처럼 −e로 끝나는 동사들의 경우에는 e를 없애고 ing를 붙입니다. dance-dancing처럼 말이지요. 그리고 run 처럼 [단모음+단자음]으로 끝나는 단어들은 마지막 단어를 한 번 더 쓰고 ing를 붙입니다. run-running처럼요.

A: What are you doing now?

지금 뭐하는 중이세요?

➡ **B: I am brushing my hair.**

나는 머리를 빗는 중입니다.

I am washing my face.

나는 세수하는 중입니다.

I am blowing my nose.

나는 코를 푸는 중입니다.

I am stretching my legs.

나는 다리 스트레칭을 하는 중입니다.

I am scratching my arm.

나는 팔을 긁고있어요.

I am opening my mouth.

나는 하품을 하고있어요.

I am closing my eyes.

나는 눈을 감는 중입니다.

☆ Vocabulary

· **brush** [brʌʃ] 솔질한다 · **wash** [waʃ] 씻다 · **blow** [blou] 불다 · **stretch** [stretʃ] 기지개를 켜다/스트레칭하다
· **scratch** [skretʃ] 긁다 · **open** [óupən] 열다 · **close** [klouz] 닫다

단어와 문장

≪신체 부위들≫

- face 얼굴
- hair 머리카락
- arm 팔
- mouth 입
- leg 다리
- eye 눈
- stomach 배(위장)
- nose 코
- foot 발(feet/발의 복수형)
- ear 귀

서로 지금 진행 중인 일이나 하고 있는 일을 말해 보세요! [Sample 답안 258p.]

A: What are you wearing?

당신은 무슨 옷을 입고있나요?

B: I am wearing _____?

저는 _____ 을/를 입고 있습니다.

A: What are you doing now?

당신은 지금 무엇을 하고있나요?

B: I am _____?

저는 _____ 을/를 하고 있습니다.

A: What is your [husband / wife / son / daughter] **doing now?**

당신의 남편/부인/아들/딸은 지금 무엇을 하고있나요?

B: He/She is _____.

그/그녀는 _____ 을/를 하는 중입니다.

Last year, I was on a diet.

작년에 나는 식이요법을 하던 중이었다.

Were you tired this morning?
당신은 아침에 피곤했나요?

✳ **This morning, I was very tired.**

오늘 아침, 난 아주 피곤했어.

✳ **Yesterday, I was at work.**

어제, 나는 근무 중이었다.

✳ **Last year, I was on a diet.**

작년에 나는 식이요법하는 중이었다.

✳ **At 7 a.m., I was taking the subway.**

나는 아침 7시에 지하철을 타는 중이었다.

✳ **Anders was also tired this morning.**

앤더스 역시도 오늘 아침 피곤했다.

✳ **My friends were at home yesterday.**

내 친구들은 어제 집에 있었다.

✳ **My husband wasn't on a diet last year.**

내 남편은 작년에 식이요법 중이 아니었다.

☆ Vocabulary

- **morning** [mɔ́ːrniŋ] 아침 · **yesterday** [jéstərdèi, -di] 어제 · **last year** [læst jiər] 작년
- **diet** [dáiət] 식이요법 · **husband** [hʌ́zbənd] 남편

✱ be동사의 과거형 was / were

be동사의 과거 시제는 다음과 같습니다.

[be 동사의 과거형]

현재형	과거형
I am	I was
We are	We were
You are	You were
They are	They were
He/She/It is	He/She/It was

be동사의 과거형인 was나 were는 과거에 생긴 일에 대해 얘기할 때 사용합니다.

✱ 시간표현들

과거에 일어난 일을 말할 시간을 나타내는 부사 yesterday, this morning, last summer 등을
문장의 시작이나 끝에 덧붙여 얘기합니다.

Yesterday, I was at the dentist.
I was at the dentist <u>yesterday</u>.

어제 나는 치과에 있었다.

문장 처음에 시간 부사를 두면 일이 생겼던 시간을 강조하지만, 문장 끝에 둘 때는 일 자체를 강조
하기 위한 것입니다. 또한 문장 처음에 둘 때는 쉼표도 함께 써야함을 주의해야 합니다.

A: When I was 5, I was curious.

5살 때 나는 매우 호기심이 많았어.

When I was 10, I was pretty.

내가 10살 때 나는 예뻤지.

How about you?

넌 어땠니?

B: When I was 12, I was studying a lot.

난 12살 때 공부를 엄청 많이했어.

So, I was very stressed.

그래서 스트레스를 심하게 받았었지.

'so'는 therefore (그러므로)와 같은 의미를 갖는 접속사로 앞, 뒤 두 문장이 이유(그래서, … 해서) 또는 결과(그 결과 … 했다)로 연결됨을 나타냅니다.

☆ **Vocabulary**

· **curious**[kjúəriəs] 궁금한, 호기심이 많은 · **work hard**[wəːrk haːrd] 열심히 일하다
· **so**[sou:] ① 그렇게, 대단히 ② 접속사로 '그 결과 ~했음'

178

단어와 문장

≪다양한 감정표현들≫

- stressed 스트레스 받는
- nervous 긴장한/초조한
- excited 흥미진진한
- depressed 우울한
- relaxed 느긋한/여유있는

- confused 혼란한
- proud 자랑스러운
- upset 화난/당황스러운
- curious 호기심 많은

함께 풀어 보세요~!

과거에 일어났던 일 중 기억나는 것을 짝과 함께 말해봅시다. [Sample 답안 258p.]

A: Yesterday, I was _____.

어제 나는 _____ 이었어.

Last year, I was _____.

작년에 나는 _____ 었어.

How about you? 너는 어땠니?

B: This morning, I was _____.

오늘 아침에 나는 _____ 이었어.

Yesterday, I was _____.

어제 나는 _____ 였지.

179

I went to school.

나는 학교에 갔다.

What did you do yesterday?
당신은 어제 무엇을 하셨나요?

✳ **Yesterday, I baked a cake.**

어제, 나는 케이크를 구웠다.

✳ **We visited Rome last summer.**

우리는 작년 여름에 로마를 방문했다.

✳ **I went to school yesterday.**

나는 어제 학교에 갔다.

✳ **Last week, I had a party.**

지난주, 나는 파티를 했다.

✳ **This morning, I took the bus.**

오늘 아침 나는 버스를 탔다.

✳ **When I was 7 years old, I broke my arm.**

나는 7살 때, 팔이 부러졌다.

☆ **Vocabulary**

· **Rome** [roum] 로마 · **party** [párti] 파티 · **broke** [brouk] (break의 과거형) 부러졌다 · **arm** [aːrm] 팔

✽ 동사의 과거형(Past tense verbs)

이전 unit에서도 배웠듯이 과거시제는 과거시점에 일어나서 이미 끝난 일에 대한 표현에 사용됩니다. 또한 대부분의 동사는 규칙동사로 끝에 –(e)d를 붙여 과거시제를 만듭니다.

bake (빵, 과자등) 굽다 - **baked**

visit (방문하다) - **visited**

dance (춤추다) - **danced**

하지만 몇몇 불규칙 동사들은 다른 형태로 변하며 잘 외워서 활용해야 합니다.

go (가다) - **went**

have (가지다, 먹다) - **had**

take (가져가다) - **took**

is (~이다, ~에 있다) - **was**

break (고장나다, 깨지다) - **broke**

✽ 지난(last) / 다음(next)

"last"는 지난 과거시제의 표현에 함께 쓰이고, "next"는 다가올 미래시제와 함께 쓰입니다.

A: What did you do today?

당신은 오늘 무엇을 했나요?

➡ **B: I went to work.**

나는 출근했어요.

Then, I ate lunch with my friend.

그리고 나서, 친구들과 점심식사를 했어요.

A: That sounds fun!

재미있었겠군요!

I went shopping.

나는 쇼핑하러 갔어요.

I also studied English.

영어 공부도 했구요.

➡ **B: Wow, you had a busy day!**

와, 정말 바쁜 하루였네요!

 Vocabulary

· **wow** [wau] 와! (감탄사) · **go shopping** [gou ʃápiŋ] 쇼핑하러 가다

단어와 문장

≪과거형 동사≫

- **was/were:** is/are 의 과거
- **went:** go의 과거
- **came:** come의 과거
- **saw:** see의 과거
- **sang:** sing의 과거

- **ate:** eat의 과거
- **took:** take의 과거
- **made:** make의 과거
- **gave:** give의 과거
- **thought:** think의 과거

과거시제를 이용하여 어제 했던 일들을 짝과 함께 묻고 답해보세요. [Sample 답안 258p.]

A: What did you do _____ (시간/어제)**?**

어제 당신은 무엇을 했나요?

B: I _____.

나는 어제 _____ 을/를 했습니다.

Then I _____.

그리고 또한 저는 _____ 을/를 했습니다.

A: That sounds fun. 그것 재미있었겠군요.

I _____.

나는 _____ 을/를 했어요.

I also _____.

나는 또한 _____ 도 했답니다.

183

I will go to work.

나는 출근할 것이다.

What will you do tomorrow?
당신은 내일 무엇을 할 것입니까?

✱ **I will go to work.**

나는 출근할 것이다.

✱ **I will call him soon.**

나는 그에게 곧 전화할 것이다.

✱ **I will be 48 years old this year.**

나는 올해로 48살이 된다.

✱ **I'll eat dinner tonight.**

나는 오늘밤에 저녁을 먹을 것이다.

✱ **It'll be sunny tomorrow.**

내일은 화창한 날씨일 것이다.

 Vocabulary

· **call** [kɔːl] 전화하다 · **tonight** [tənáit] 오늘밤 · **tomorrow** [təmɔ́ːrou, təmɑ́rrou] 내일

✳ will : 미래에 관해 얘기 할 때

조동사 "will"을 사용해서 앞으로 무엇을 할 것인지에 대해 말할 수 있습니다. 앞으로의 약속이나 예측 등에 사용될 수 있습니다.

I will meet you tomorrow.

나는 너를 내일 만날거야.

He will buy a new car.

그는 새 차를 살거야.

대화체인 영어에서는 인칭대명사와 "will"은 종종 "I'll", "you'll", "she'll"등의 축약형으로 사용됩니다.

또한 "will"은 날씨나 어떤 일에대한 기대감에 대해 말할때도 쓰여집니다.

It will rain soon.

곧 비가 올 것이다.

Come to my party. It will be fun!

파티에 와! 아주 재밌을거야!

A: What will you do tomorrow?

당신은 내일 무엇을 하십니까?

➡️ **B: I will go to work.**

나는 출근할 겁니다.

I will eat dinner at a restaurant.

나는 레스토랑에서 저녁식사를 할 겁니다.

I will take the subway.

나는 지하철을 탈 겁니다.

How about you?

당신은요?

A: I will meet my friend.

나는 친구를 만날 겁니다.

We will go to a department store.

우리는 백화점에 갈 겁니다.

We will go shopping together.

우리는 함께 쇼핑하러 갈 겁니다.

 Vocabulary

· **department store** [dipά:rtmənt stɔ:r] 백화점 · **together** [təgéðər] 함께

단어와 문장

≪일반 동사의 미래시제≫

- will go 갈 것입니다
- will meet 만날 것입니다
- will eat 먹을 것입니다

- will take 가져갈 것입니다
- will visit 방문할 것입니다
- will buy 구입할 것입니다

함께 풀어보세요~!

짝과 함께 내일 무엇을 할 것인지 대화해 보세요. [Sample 답안 258p.]

A: **What will you do tomorrow?**

당신은 내일 무엇을 할 것입니까?

B: **I will** _____.

나는 내일 _____ 을/를 할거예요.

How about you?

당신은요?

A: **I will** _____.

나는 _____ 을/를 할 것입니다.

시간과 횟수의 표현

과거시제나 미래시제에는 추가해주는 말들이 있습니다.

과거시제	미래시제
yesterday 어제 last 지난 -days ago ~일전	tomorrow 내일 next 다음 in -days ~일 후

미래시제에서 "in"이 쓰이면 '그 시간이 경과하면'으로 해석됩니다. 따라서 "~후에"라는 우리말과 비슷해 집니다.

Yesterday, I went to a restaurant.
어제, 나는 레스토랑에 갔다.

Last week, it rained a lot.
지난주, 비가 많이 내렸다.

Two days ago, I was sick.
이틀 전, 나는 아팠다.

Tomorrow, I will be busy.
내일, 나는 바쁠 것이다.

Next week, I will buy a new T.V.
다음주, 나는 새 TV를 살 것이다.

In two days, I will get married.
이틀 후, 나는 결혼할 것이다.

빈도부사를 사용해서 얼마나 자주 하는지를 표현할 수 있습니다. 위치는 조동사나 be동사 뒤에 일반동사 앞에 위치합니다.

-always   -usually   -often   -sometimes   -never

I always brush my teeth. 나는 항상 양치질을 한다.

My mom usually calls me. 엄마가 대개는 나에게 전화를 하신다.

It often rains in August. 8월에 종종 비가 내린다.

I sometimes go to the beach. 나는 가끔 해변가에 간다.

I never eat in the bedroom. 나는 결코 침실에서 먹지 않는다.

빈도부사를 활용해서 아래 내용을 표현해 보세요. [Sample 답안 258p.]

1. I _____ **go to the movies.**

2. I _____ **get stressed.**

3. I _____ **take a taxi to work.**

Thomas' 말하기 쓰기
Exercises

A 이들은 지금 무엇을 하고 있나요? 그림을 보고 이들이 하는 행동을 '~ing' 형태로 쓰세요.

[Sample 답안 259p.]

❶ He is _____
   (기타를 치는 중)

❷ They are _____
   (책을 읽는 중)

❸ They are _____
   (파티를 여는 중)

❹ She is _____
   (머리를 빗는 중)

❺ He is _____
   (쿠키를 굽는 중)

❻ She is _____
   (빨간 옷을 입고있는 중)

B 얼굴과 신체의 각 부분을 영어로 써 봅시다.

leg   arm   stomach   mouth   eye   hair   ear   foot

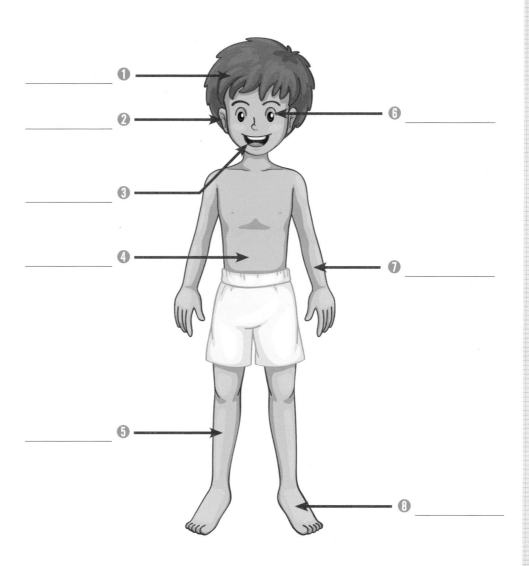

_____ ❶

_____ ❷

_____ ❸

_____ ❹

_____ ❺

❻ _____

❼ _____

❽ _____

Anders'
Practice

A 단순 과거시제를 활용해서 지난 주말 무엇을 했는지 서로 얘기해 보세요. [Sample 답안 259p.]

1 (무엇을 했는지) Last weekend, I _____.

2 (누구를 만났는지) I met _____.

3 (어디에 갔는지) I went to _____.

4 (거기에서 무엇을 했는지) I _____.

B 미래시제를 이용해서 다가오는 주말에 무엇을 할 예정인지 얘기해 보세요!

1 (무엇을 할건지) This weekend, I will _____.

2 (누구를 만날건지) I will meet _____.

3 (어디에 갈건지) I _____.

4 (거기에서 무엇을 할것인지) I _____.

192

- **now** [nau] — 지금
- **brush** [brʌʃ] — 솔질하다, 솔
- **wash** [waʃ, wɔːʃ] — 씻다
- **blow** [blou] — 불다
- **stretch** [stretʃ] — 스트레칭/기지개를 켜다
- **scratch** [skrætʃ] — 긁다
- **open** [óupən] — 열다
- **close** [klouz] — 닫다
- **morning** [mɔ́ːrniŋ] — 아침
- **yesterday** [jéstərdèi, -di] — 어제
- **last year** [læst jiər] — 작년
- **diet** [dáiət] — 식이요법
- **work hard** [wəːrk hɑːrd] — 열심히 일하다
- **party** [pɑ́ːrti] — 파티
- **broke**(break의 과거형) [brouk] — 부러졌다
- **go shopping** [gou ʃápiŋ] — 쇼핑하러 가다
- **call** [kɔːl] — 전화하다
- **tonight** [tənáit] — 오늘밤
- **tomorrow** [təmɔ́ːrou, təmárrou] — 내일

상황에 따른 흥미로운 영어 표현

여기 특정한 상황에서 사용할 수 있는 몇 가지 간단하고 유용한 표현들을 소개합니다. 이 표현들은 모두 관용적으로 사용됩니다.

- ## What's up? [hwəts ʌp]

무슨 일이야? 요즘 어때? 잘 지내? (가벼운 인사, 다시 만났을 때의 가벼운 인사)

이 표현은 상대방이 지금 무엇을 하는지, 무슨 일이 있는지, 혹은 몸의 상태가 어떤지 등을 묻기에 유용한 표현이며 허물 없이 격식에 얽매이지 않고 말할 수 있는 표현입니다.

- ## Take it easy. [teik it íːzi]

진정해. (화가 났거나 감정이 격해졌을 때)

상대방이 화가 나 있거나 감정이 격해있을 때 우리는 "Take it easy. (진정해)" 라고 말할 수 있습니다.

- ## Easy does it. [íːzi dʌz it]

조심해서, 천천히, 무리하지 말고, 침착해. (마음의 긴장을 풀고 안심하라고 말할 때)

앞 표현인 "Take it easy.(진정해)"와는 달리 이 표현은 어떤 긴장된 상황이나 위험 등을 진정시키려 사용된다기 보다는 상대의 행동을 서두르거나 무리하지 말고 천천히 하라고 격려하는 의미로 사용됩니다. "Take your time. (여유를 가져요.)"와 유사한 표현입니다.

- ## Congratulations! [kəngrætʃuléiʃənz]

축하합니다! (누군가에게 좋은 일이 생겨 축하할 때)

이 표현은 "Congratulations(축하합니다.)"라고 말하여 일반적인 축하의 표현으로 사용하기도 하고 전치사 "on"을 축하할 상황과 함께 연결해서 "Congratulations on your birthday. (당신의 생일을 축하합니다.)" 라고 사용하기도 합니다.

- **Don't mention it.** [dount ménʃən it]

별말씀을요. (누군가의 감사의 표시에 화답하며)

상대방이 나의 호의와 친절한 행동에 감사함을 표시한다면 그러한 행동들이 그리 수고스러우며 대단하지 않았다는 겸손의 표시로 이렇게 말할 수 있습니다.

- **Break a leg!** [breik ə leg]

행운을 빌어! (상대의 행운을 기원하며)

비록 끔찍하게 들리긴 하지만 이 표현은 무대에서 공연하는 사람들 사이에서 처음 시작된 표현으로 배우들이 무대에 오르기 전 행운을 기원하는 의미로 실제의 뜻과는 반대의 의미로 사용되어 졌다는 설이 있습니다.

- **God bless you.** [gad bles yóu]

하나님의 은총이 있기를. (재채기 할 때)

누군가 재채기를 할 때 우리는 "(God) bless you" 라고 말합니다. 재채기를 한다는 것은 몸의 상태가 좋지 않게 되거나 아플 때의 조짐일 수 있으므로 신의 은총과 보호로 그 사람의 건강을 기원하며 바라는 의미로 말한다고 합니다.

열거한 표현들 중 전에 들어본적이 있는 표현이 있나요?
위의 표현들 중 여러분들이 직접 말해본 표현들이 있나요?
위의 표현들 외에 알고있는 다른 표현들을 생각해 볼 수 있나요?
여러분은 그런 표현들은 어떤 상황에 주로 사용하나요?

토끼와 거북이 중 누가 더 빠를까?
우리반의 친구들 중 누가 가장 부지런할까?
영어로 비교하는 것을 배워봅시다.

비교급 문장만들기

Making Comparisons
[méikiŋ]   [kəmpǽrisn]

I like pizza more than pasta.

나는 파스타보다 피자를 더 좋아합니다.

What do you prefer?
당신을 무엇을 더 좋아하나요?

✳ **I like pizza more than pasta.**

나는 파스타보다 피자를 좋아합니다.

✳ **I drink cola more than beer.**

나는 맥주보다 콜라를 더 많이 마십니다.

✳ **I play baseball more than soccer.**

나는 축구보다 야구를 더 많이 합니다.

✳ **I watch T.V. more than movies.**

나는 영화보다 텔레비전을 많이 봅니다.

✳ **I like drinking tea more than coffee.**

나는 커피보다 차 마시는것을 더 좋아합니다.

✳ **I like reading books more than magazines.**

나는 잡지보다 책 읽기를 더 좋아합니다.

☆ **Vocabulary**

• **prefer**[prifɔ́ːr] 선호하다/좋아하다 • **magazine**[mǽɡəzíːn] 잡지책

✴ A more than B : B 보다 A

두 명사(A/B)를 비교할 때, 다른 것보다 더 낫다는 것은 "more than"을 이용합니다. 더 나은 명사가 먼저 옵니다.

> 주어 + 동사 + (A/명사) more than (B/명사)

I like cake <u>more than</u> bread. 나는 빵보다 케이크를 더 좋아합니다.

I take the subway <u>more than</u> the bus. 나는 버스보다 지하철을 더 많이 탑니다.

✴ doing A more than B : B 보다 A를 더 많이 하는

두 가지 활동을 비교할 때도 "more than"이 쓰입니다.

> 주어 + like + (동사 + ing) + (A/명사) more than (B/명사)

I like drinking tea more than (drinking) coffee.
나는 커피보다 차 마시는것을 좋아합니다.

I like eating fish more than beef.
나는 쇠고기보다 생선 먹는것을 좋아합니다.

✴ prefer : 선호하다/좋아하다

"prefer"는 어떤 대상을 더 좋아하는지에 대해 얘기할 때 사용합니다. 명사 하나만 쓰는 경우도 있고 두 개의 명사를 쓸 때는 전치사 "to"를 써서 비교합니다.

I prefer orange juice. 저는 오렌지주스를 더 좋아합니다.

I prefer orange juice to apple juice.
저는 사과주스보다 오렌지주스를 더 좋아합니다.

A: Do you prefer beer or wine?
맥주나 포도주 중 무엇을 더 좋아하나요?

➡️ **B: I like wine more than beer.**
맥주보다 포도주를 더 좋아합니다.

A: Do you prefer watching T.V. or movies?
영화관람과 TV시청 중 무엇을 더 좋아하시나요?

➡️ **B: I like movies more than T.V.**
나는 TV시청보다 영화관람을 더 좋아합니다.

A: Do you prefer to wear dresses or pants?
드레스나 바지 중 어떤 것을 더 즐겨 입으시나요?

➡️ **B: I like wearing dresses more than pants.**
나는 바지보다 드레스를 즐겨 입습니다.

A: Do you prefer hats or sunglasses in summer?
여름에 모자나 선글라스 중 어떤 것을 더 좋아하시나요?

➡️ **B: I like wearing hats more than sunglasses in summer.**
나는 여름에 선글라스보다 모자를 즐겨 쓰고 다닙니다.

단어와 문장

《옷》

- dress 드레스
- pants 바지
- shoes 구두
- jewelry 보석
- t-shirt 티셔츠
- shirt 셔츠
- glasses 안경
- jeans 청바지
- shorts 짧은 바지
- hat 모자

짝과 함께 서로의 취향에 대한 얘기를 해 보세요. [Sample 답안 259p.]

A: Do you prefer mountains or the beach?

산과 바다중 어디가 더 좋아요?

B: I like _____ more than _____.

저는 _____ 보다 _____ 가 더 좋아요.

A: Do you prefer wearing _____ or _____?

_____ 혹은 _____ 중 무엇을 더 즐겨입나요?

B: I like _____ more than _____.

저는 _____ 보다 _____ 가 더 좋아요.

A: Do you prefer _____ or _____?

_____ 와 _____ 중 무엇을 더 선호하세요?

B: I like _____ more than _____.

저는 _____ 보다 _____ 가 더 좋아요.

I am older than my brother.

나는 내 동생보다 나이가 더 많다.

Who is older?
누가 더 나이가 많아요?

✳ **I am older than my brother.**

나는 내 동생보다 나이가 더 많다.

✳ **She is smarter than me.**

그녀는 나보다 더 똑똑하다.

✳ **The airplane is bigger than the boat.**

비행기는 배보다 더 크다.

✳ **The subway is faster than the bus.**

지하철은 버스보다 더 빠르다.

✳ **This dress is more expensive than the pants.**

이 드레스는 저 바지보다 더 비싸다.

✳ **The sandwich is more delicious than the cake.**

샌드위치는 케이크보다 더 맛있다.

☆ **Vocabulary**

· **boat** [bout] 보트, 배 · **expensive** [ikspénsiv] 비싼 · **pants** [pænts] 바지
· **sandwich** [sǽndwitʃ] 샌드위치 · **delicious** [dilíʃəs] 맛있는 · **comfortable** [kʌmfərtəbl] 편안한

✳ 형용사의 비교급 (~er형태의 형용사)

비교급 단어는 형용사(또는 부사)의 끝에 -er을 붙입니다.

He is the smarter man.
그는 더 똑똑한 사람이다.

It is the bigger building.
그것은 더 큰 건물이다.

두 명사를 직접 비교할 때는 전치사 "than"을 사용합니다.

I am older than her.
나는 그녀보다 나이가 더 많다.

The red car is faster than the black car.
빨간 차가 검은 차보다 더 빠르다.

✳ "more"와 함께 비교급 문장 만들기

expensive 또는 comfortable 처럼 3음절 이상(때로는 2음절)의 형용사들은 -er를 단어의 끝에 붙여 비교급의 단어로 만드는 일반적인 규칙 대신에 원형의 형용사 그대로를 사용하되 그 형용사 앞에 more를 함께 사용하여 비교급의 단어로 사용합니다.

Her shoes are more expensive than my shoes.
그녀의 구두는 내 것보다 더 비싸다.

A: Who is stronger, the cow or the cat?

소와 고양이 중에 무엇이 더 강할까?

➡ **B: The cow is stronger than the cat.**

소가 고양이보다 더 강하다.

A: Who is taller, the horse or the giraffe?

말과 기린 중에 무엇이 더 키가 클까?

➡ **B: The giraffe is taller than the horse.**

기린이 말보다 더 키가 크다.

A: Who is more dangerous, the pig or the snake?

돼지와 뱀 중에 무엇이 더 위험할까?

➡ **B: The snake is more dangerous than the pig.**

뱀이 돼지보다 더 위험하다.

A: Who is faster, the dog or the fish?

개와 물고기 중에 무엇이 더 빠른가?

➡ **B: The dog is faster than the fish.**

개가 물고기보다 더 빠르다.

☆ **Vocabulary**

- **stronger** [strɔ́(:)ŋɡər] strong의 비교급 · **giraffe** [dʒərǽf] 기린 · **dangerous** [déindʒərəs] 위험한
- **soft** [sɔːft] 유연한/부드러운 · **rhino** [ráinou] 코뿔소

단어와 문장

≪동물들≫

- dog 개
- pig 돼지
- cat 고양이
- snake 뱀
- giraffe 기린
- bird 새
- tiger 호랑이
- elephant 코끼리
- horse 말
- rhino 코뿔소
- cow 소
- fish 물고기

함께 풀어 보세요~!

주변의 친구들과 서로 비교급을 활용하여 묻고 답해 보세요. [Sample 답안 259p.]

A: **Who is older, _____ or _____ ?**

_____ 와 _____ 중 누가 더 나이가 많아?

B: **_____ is older than _____ .**

_____ 가 _____ 보다 나이가 많아.

A: **Who is taller, _____ or _____ ?**

_____ 와 _____ 중 누가 더 키가 커?

B: **_____ is taller than _____ .**

_____ 가 _____ 보다 더 키가 커.

Emily is the smartest student.

에밀리는 가장 똑똑한 학생이다.

Who is the smartest student?
누가 가장 똑똑한 학생인가요?

✳ **Emily is the smartest student.**

에밀리는 가장 똑똑한 학생이다.

✳ **This is the best seat in the classroom.**

이 자리가 이 교실에서 가장 좋은 자리다.

✳ **Hapjeong is the nearest subway station.**

합정역이 가장 가까운 지하철역이다.

✳ **That is the saddest story.**

그건 가장 슬픈 이야기다.

✳ **That is the most expensive department store.**

그곳은 가장 비싼 백화점이다.

✳ **What is the most interesting book?**

무엇이 가장 흥미로운 책입니까?

☆ **Vocabulary**

· **Emily** [éməli] 에밀리(여성이름) · **seat** [siːt] 자리/좌석 · **classroom** [klǽsrùːm] 학급/교실
· **nearest** [níərst] 가장 가까운 · **story** [stɔ́ːri] 이야기

✳ 형용사의 최상급(est adjectives)

세가지 이상의 것들 중에서 무엇이 최고인가를 나타낼 때 쓰는 형용사의 활용형태가 바로 최상급입니다. 대부분의 형용사에 (e)st를 끝에 붙입니다.

smart → smartest
영리한 → 가장 영리한

near → nearest
가까운 → 가장 가까운

단, 형용사의 끝이 단모음과 단자음으로 끝날 때는 자음 하나를 추가로 해서 est를 붙여줍니다.

sad → saddest
슬픈 → 가장 슬픈

fat → fattest
뚱뚱한 → 가장 뚱뚱한

또한 자음 + y로 끝나는 형용사는 y를 i로 바꾼 다음 est를 붙입니다.

happy → happiest
행복한 → 가장 행복한

lazy → laziest
게으른 → 가장 게으른

동사의 불규칙변화와 마찬가지로 몇몇 형용사(또는 부사)도 불규칙하게 변할 때가 있기에 따로 외워 둬야 합니다.

good → better → best
좋은 → 더 좋은 → 가장 좋은

bad → worse → worst
나쁜 → 더 나쁜 → 가장 나쁜

many/much → more → most
많은 → 더 많은 → 가장 많은

little → less → least
적은 → 더 적은 → 가장 적은

마지막으로 보통 3음절 이상의 형용사(또는 부사)는 most를 이용해서 최상급을 만듭니다.

expensive → most expensive
비싼 → 가장 비싼

A: This is the best school in Korea.

여기가 한국에서 최고의 학교이다.

> **B: That is the most expensive department store.**
>
> 저곳은 가장 비싼 백화점이다.

A: This is the tallest office building in Jongro.

여기는 종로에서 가장 높은 사무실 건물이다.

> **B: That is the most famous church in my neighborhood.**
>
> 저곳은 우리 동네에서 가장 유명한 교회이다.

A: What is the biggest airport?

가장 큰 공항은 어느 공항인가요?

> **B: Incheon Airport is the biggest airport.**
>
> 인천공항이 가장 큰 공항입니다.

A: Where is the nearest coffee shop?

가장 가까운 커피숍은 어디인가요?

> **B: That coffee shop is the nearest.**
>
> 저 커피숍이 가장 가깝습니다.

☆ Vocabulary

· **famous** [féiməs] 유명한/잘알려진 · **neighborhood** [néibərhùd] 인근/주변/동네의

┌─ 단어와 문장 ───┐

≪건물과 장소≫

· school 학교 　　　　· hospital 병원 　　　· airport 공항
· library 도서관 　　　· coffee shop 커피숍 　· museum 박물관
· department store 백화점 · university 대학 　　· church 교회
· office building 사무실 건물 · police station 경찰서 · park 공원

└──┘

최상급 형용사를 활용해서 얘기해 봅시다! [Sample 답안 259~260p.]

A: **What is the best** _____ ?

　　최고의 _____ 는 무엇인가요?

　　　　B: _____ **is the best.**

　　　　　　_____ 가 최고에요.

A: **What is the most expensive** _____ ?

　　가장 비싼 _____ 은/는 무엇인가요?

　　　　B: _____ **is the most expensive.**

　　　　　　_____ 이/가 가장 비쌉니다.

A: **Where is the nearest** _____ ?

　　가장 가까운 _____ 은/는 어디인가요?

　　　　B: _____ **is the nearest.**

　　　　　　_____ 이/가 가장 가깝습니다.

Thomas' 말하기 쓰기
Exercises

A 205페이지에서 배운 단어들을 사용하여 아래에 있는 동물들로 비교급(-er)과 최상급(-est)을
써서 문장을 만들어보세요. [Sample 답안 260p.]

❶ The _____ is bigger than the _____.

❷ The _____ is faster than the _____.

❸ The _____ is heavier than the _____.

❹ The dog _____ the mouse.

❺ The elephant _____ the giraffe.

210

B 다음의 품목들은 어디에서 찾아볼 수 있나요? (209페이지 참고)

❶ _____

❷ _____

❸ _____

❹ _____

❺ _____

❻ _____

Practice

최상급 표현을 활용해서 여러 가지를 얘기해 볼까요? [Sample 답안 260p.]

❶ Who is the youngest student in your class?

학급에서 가장 어린 학생은 누구인가요?

➡ _____ is the youngest student in our class.

❷ Who is the funniest student in your class?

학급에서 가장 재미있는 학생은 누구인가요?

➡ _____ in our class.

❸ Who is the most beautiful in your class?

학급에서 가장 아름다운 학생은 누구인가요?

➡ _____ in our class.

❹ Who is the best English speaker in you class?

학급에서 가장 영어를 잘 하는 학생은 누구인가요?

➡ _____ in our class.

- **prefer** [prifə́:r]   선호하다/좋아하다
- **stronger** [strɔ́(:)ŋgər]   strong의 비교급
- **dangerous** [déindʒərəs]   위험한
- **soft** [sɔ(:)ft]   유연한/부드러운
- **Emily** [éməli]   에밀리(여성이름)
- **seat** [si:t]   자리/좌석
- **classroom** [klǽsrù(:)m]   학급/교실
- **nearest** [niərest]   near의 최상급
- **story** [stɔ́:ri]   이야기
- **famous** [féiməs]   유명한/잘 알려진
- **neighborhood** [néibərhùd]   이웃/인근/주변/동네의

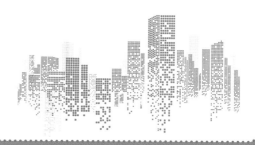

영어 단어 안에서 볼 수 있는 외국어

영어에서 독특한 점 중의 하나는 다른 여러 언어에서 온 단어를 포함한다는 것입니다. 실제로 영어를 사용하는 사람들이 말하는 단어의 다수가 불어, 라틴어, 그리스어, 혹은 독일어에 뿌리를 둔 것들입니다. 여기 다른 나라의 언어에서 차용한 잘 알려진 영어 단어 몇 가지를 소개합니다.

- **A cappella** [à:kəpélə]

  아카펠라(이태리어). 교회에서 최초로 사용되어진 악기 없이 무반주로 부르는 독창 또는 합창을 말합니다. 이탈리아어로 "교회풍으로"라는 의미가 있습니다.

- **media** [mí:diə]

  미디어(라틴어). 두 개 혹은 두 사람을 연결하는 중간기관을 묘사하는데 사용되며 가운데, 중심이라는 뜻의 라틴어 'medium'의 복수형이라고 합니다.

- **latte** [látei]

  라떼(이태리어). 이 음료는 커피와 데운 우유를 혼합한 것이므로 "caffe latte(카페라떼)"가 글자 그대로 "milk coffee(밀크커피)" 또는 "우유커피"라고 합니다.

- **hamburger** [hǽmbɔ́:rgər]

  햄버거(독일어). 함부르크(Hamburg)는 중요한 독일의 항구도시로 선원들이 스테이크를 즐겨 먹고 맛있었다는 소문이 퍼졌던 곳이기도 합니다. 최초의 햄버거는 '번'이라는 모양의 두 개의 빵 사이에 이 Hamburger steaks (햄버거 스테이크)를 끼워 넣어 샌드위치로 만들어 먹었습니다.

- **kindergarten** [kíndərgà:rtn]

  킨더가튼 유치원(독일어). 독일어로 kinder는 아이들, 그리고 garten은 정원이라고 합니다. 독일의 교사인 프레드리히 프뢰벨이 1937년 고안한 그의 '아이들의 정원'은 부모들이 출근한 동안 아이들이 뛰놀고 학습할 수 있는 장소를 말합니다.

- **wine** [wain]

  와인(라틴어). 라티어로 포도덩굴 (grape vine)의 의미인 'vinum'에서 유래한 단어로 흥미롭게도 이 단어는 영어 단어 'wine' 이 원래의 그 형태로 여전히 사용됩니다.

- **déjà vu** [dèiʒa: vjú:]

  데자부(프랑스어). 프랑스의 심리학자인 에밀 브아라크(Emile Boirac)에 의해 최초로 사용된 이 단어는 예전에 이미 경험했던 일인것 같은 감정이나 기분을 말합니다. 프랑스어로 "이미 보았던"이라는 의미라고 합니다.

- **ketchup** [kétʃp]

케첩(중국어). 약 500년 전 중국 푸젠성 지방의 선원들이 아시아 남동쪽 해안으로 항해해 갔는데 그곳에서 그들이 발효된 앤초비(멸치와 유사)로 만든 이 특별한 소스를 발견했다고 합니다. 그들이 그 소스에 '생선소스'라는 뜻의 'ki-tchup'이라는 이름을 붙였고 그 후 사람들이 버섯이나 호두등을 첨가했으나 우리에게 익숙한 토마토를 첨가한 것은 19세기가 지나서의 일이라고 합니다.

- **tatoo** [tætúː]

타투, 문신(폴리네시아어). 'tatau'라는 폴리네시아어를 빌려온 단어입니다. 이 단어가 타히티인들과 뉴질랜드인들이 몸에 문신을 하는 모습을 본 프랑스 탐험가인 제임스 쿡(James Cook)에 의하여 유럽으로 전해졌고 영어에도 영향을 주었다고 합니다.

- **ballet** [bǽlei]

발레(그리스어). 프랑스어를 거쳐 마침내 영어가 되기까지 이 단어는 그리스어, 라틴어, 그리고 이태리어 등 참으로 많은 여행을 했다고 합니다. 이 단어의 원래의 의미는 그리스어로 '춤추다, 여기저기 점프하며 다니다'라는 의미인 'ballizo'라는 단어에서 유래했다고 합니다.

이런 단어의 유래들에 놀라셨나요? 다른 나라의 말에서 유래한 영어 단어를 더 알고 있나요?
한글에서는 어떤가요? 어떤 한국어 단어가 외국어에서 유래했나요?

"영어수업은 월요일이야", "올해 네 생일은 무슨 요일이니?",
"연휴 동안에 놀러갈꺼야" 등과 같이 말할 수 있도록 시간 표현을 배워봅시다.

Chapter 10

시간 표현들

Time Expressions
[taim]   [iksprésʃən]

The soccer match is on Friday.

축구 경기가 금요일에 있다.

What day is the soccer match?
축구 경기가 무슨 요일에 있나요?

* **The soccer match is on Friday.**

  축구 경기는 금요일에 있어요.

* **My meeting is on Wednesday.**

  회의가 수요일에 있어요.

* **My birthday is on Tuesday.**

  제 생일은 화요일입니다.

* **My vacation starts on Monday.**

  제 휴가는 월요일에 시작됩니다.

* **I'm going to rest on Saturday.**

  나는 토요일에 휴식을 취할 예정입니다.

* **I go to church every Sunday.**

  매주 일요일마다 나는 교회에 갑니다.

☆ **Vocabulary**

· **soccer match** [sάkːr mæʧ] 축구경기 · **meeting** [míːtin] 회의 · **birthday** [bə́ːrθdèi] 생일
· **go to church** [ɡou tuː ʧəːrʧ] 교회가다 · **every** [évriː] 매/모든

✳ 요일(Days of the week)

월요일에서 일요일까지 한 주는 다음과 같습니다.

Monday 월요일	**Tuesday** 화요일
Wednesday 수요일	**Thursday** 목요일
Friday 금요일	**Saturday** 토요일
Sunday 일요일	**weekend** 주말

요일의 이름은 로마나 영국(앵글로 색슨) 등 다양한 신화를 배경으로 지어진 것이라고 합니다.

✳ on (요일 앞에 위치하는 전치사)

요일 앞에는 전치사 "on"를 사용합니다.

I go to work on Monday. 나는 월요일에 출근합니다.
I have a meeting on Wednesday. 나는 수요일에 회의를 합니다.

"주말"에 대해서 표현하는 방식은 두가지로 아래와 같습니다.

in the weekend 주말에(특정한 주말에 대해서)
on weekends 주말마다(일반적인 주말에 대해서)

In the weekend, I'm going to rest.
주말에(정해진 주말/이번 주말) 나는 휴식을 취할 것입니다.
I always rest on weekends.
나는 항상 주말마다 휴식을 취합니다.

A: When is your birthday?

당신의 생일은 언제인가요?

 B: My birthday is on Friday.

금요일 입니다.

A: When is the party?

파티는 언제인가요?

B: The party is on Tuesday.

화요일에 있습니다.

A: What day is the baseball match?

야구경기는 무슨 요일인가요?

B: The baseball match is on Sunday.

야구경기는 일요일에 있습니다.

A: What day is your anniversary?

당신의 기념일은 무슨 요일인가요?

B: Our anniversary is this Wednesday.

우리의 기념일은 수요일 입니다.

☆Vocabulary

· **match** [mæʧ] 경기 · **anniversary** [æ̀nəvə́ːrsəri] 기념일

220

단어와 문장

≪특별한 이벤트≫

- party 파티
- meeting 회의
- birthday 생일
- holiday 휴일/휴가(영국)
- graduation 졸업
- retirement 은퇴
- anniversary 기념일
- vacation 휴가

시간 표현을 잘 떠올리며 짝과 함께 묻고 답해 봅시다. [Sample 답안 260p.]

A: **When is our English class?**

우리 영어수업은 언제인가요?

B: **Our English class is on** _____.

우리 영어수업은 _____ 요일입니다.

A: **What day is your birthday this year?**

올해 당신의 생일은 무슨 요일인가요?

B: **My birthday** _____.

제 생일은 _____ 요일입니다.

A: **When is your next free day?**

다음번 당신의 휴일은 언제인가요?

B: **My next free day** _____.

저의 다음 휴일은 _____ 요일입니다.

월(月) 과 계절

❄ **I was born in November.**
　　나는 11월에 태어났습니다.

❄ **Christmas is in December.**
　　크리스마스는 12월이에요.

❄ **I'm going on vacation in summer.**
　　나는 여름 휴가를 갈 거예요.

❄ **I will graduate in July.**
　　나는 7월에 졸업합니다.

영어에는 12달과 4계절이 있습니다. 시저(Julies Caesar)에 의해 만들어졌다고 전해지는 태양력을 사용하고 있습니다. 따라서 고대 로마어(라틴어)나 신의 이름에서 유래한 월(月)이름이 많습니다. 예를 들면 "July"는 시저(Julies Caesar)의 이름을 따서 붙여졌다고 합니다. 또한 4계절에 해당하는 달은 아래와 같습니다.

spring (봄) **: March – May** (3~5월)

summer (여름) **: June – August** (6~8월)

autumn/fall (가을) **: September – November** (9~11월)

winter (겨울) **: December – February** (12~2월)

위의 예문들에서 보여지는 바와 같이 월(月)이름이나 계절 앞에는 전치사 "in"이 쓰입니다. 또한 월(月) 이름과 요일 이름의 첫 글자는 대문자로 씁니다.

짝과 함께 태어난 월과 계절을 묻고 답해 봅시다. [Sample 답안 260p.]

단어와 문장

≪달력≫

- January 1월
- February 2월
- March 3월
- April 4월
- May 5월
- June 6월
- July 7월
- August 8월
- September 9월
- October 10월
- November 11월
- December 12월
- spring 봄
- summer 여름
- fall/autumn 가을
- winter 겨울

---

1 What month were you born?

당신은 몇 월에 태어났나요?

➡ **I was born in** _____

나는 _____ 월에 태어났습니다.

2 What season were you born?

어느 계절에 태어나셨어요?

➡ **I was born in** _____

나는 _____ 에 태어났습니다.

I wake up at 7 o'clock.

나는 7시에 잠을 깹니다.

What time do you wake up?
당신은 몇 시에 잠을 깨나요?

✳ **I wake up at 7 o'clock.**

나는 7시에 잠을 깹니다.

✳ **I eat lunch at 12 o'clock.**

나는 12시에 점심을 먹어요.

✳ **I go to bed at 11 o'clock.**

나는 11시에 잠자리에 듭니다.

✳ **I go to work at 9 o'clock.**

나는 9시에 출근합니다.

✳ **I take the subway at 8:30 a.m.**

나는 8시30분에 지하철을 탑니다.

✳ **He takes the bus at 7:40 p.m.**

나는 7시40분에 버스를 탑니다.

☆ **Vocabulary**

· **wake up** [weik ʌp] (잠에서)깨다

✳ at : 시간 앞에 쓰이는 전치사

구체적인 시각을 말할 때 전치사 'at'을 사용합니다.

I eat dinner at 7 p.m.
나는 7시에 저녁을 먹습니다.

The concert starts at 6:30.
콘서트는 6시30분에 시작됩니다.

✳ 기타 시간 관련표현(o'clock, a.m., and p.m.)

"o'clock"은 "of the clock"에서 유래한 표현이라고 합니다. 정각을 나타내기 위해서 쓰입니다. 분(minute)단위 시간에는 쓰이지 않는 표현입니다.

9:45 o'clock (x) → 9:45

또한 "a.m."은 자정에서 정오까지 사이의 시간에 사용할 수 있고 "p.m"은 정오부터 자정까지 사이의 시간에 쓸 수 있습니다.

A: What time do you eat lunch?

당신은 몇 시에 점심을 드세요?

➡ **B: I eat lunch at 12:30**

12시 30분에 먹습니다.

A: What time do you go to bed?

몇 시에 잠자리에 드시나요?

➡ **B: I go to bed at 11.**

11시에 잠자리에 듭니다.

A: What time does the play start?

연극이 몇 시에 시작하나요?

➡ **B: It starts at 8 p.m.**

8시에 시작합니다.

A: What time does the concert finish?

콘서트는 몇 시에 끝나나요?

➡ **B: It finishes at 10:15**

10시 15분에 끝납니다.

 Vocabulary

· **start** [staːrt] 시작하다/출발하다 · **finish** [fíniʃ] 끝나다/마치다

단어와 문장

≪여흥, 연주들≫

- musical 뮤지컬   · play 연극   · opera 오페라
- ballet 발레   · concert 콘서트   · theatre 극장
- movie theatre / the movies 영화관   · show 쇼

짝과 함께 서로의 일과를 묻고 답해보세요. [Sample 답안 260~261p.]

A: **What time do you wake up?**

몇 시에 일어나세요?

B: **I wake up at** _____ .

나는 _____ 시에 일어나요.

A: **What time does your class finish?**

당신의 수업은 몇 시에 끝나요?

B: **It finishes at** _____ .

수업은 _____ 시에 끝납니다.

A: **What time** _____ ?

_____ 은/는 몇 시에 _____ 인가요?

B: **I/it** _____ **at** _____ .

나는/이것은 _____ 시에 _____ 입니다.

What day is it?

무슨 요일인가요?

It's Monday today.
오늘은 월요일입니다.

✳ **What day is it?** 무슨 요일인가요?

➡ **It's Tuesday, the 16ᵗʰ.** 16일, 화요일입니다.

✳ **What time is it?** 몇 시인가요?

➡ **It's 7 o'clock.** 7시입니다.

✳ **What month is it?** 몇 월인가요?

➡ **It's July.** 7월입니다.

✳ **What time do you start work?** 당신은 몇시에 일을 시작하나요?

➡ **At 8:30 a.m.** 8시 30분에 시작합니다.

✳ **What is your favorite season?**
당신이 가장 좋아하는 계절은 언제인가요?

➡ **My favorite season is winter.**
가장 좋아하는 계절은 겨울입니다.

☆ Vocabulary

· **favorite** [féivərit] 가장 좋아하는 것 · **season** [síːzn] 계절

✲ 의문형용사 “what”을 이용한 요일과 날짜 묻기

“무슨”또는 “어떤” 날짜, 요일인지를 물을 때 쓰는 의문사는 “what”을 씁니다. 명사 앞에서 꾸미는 역할을 해서 의문형용사라고 합니다. “which”도 비슷한 상황에서 쓰이지만 특정 범위 내에서 고르는 의미가 포함되어 특정한 범위 없이 물어 보는 “what”과는 차이가 있습니다.

what day : 무슨 요일(어떤 요일)

what month : 몇 월

what time : 몇 시

what week : 어떤 주

what year : 어떤 해(몇 년)

what season : 어떤 계절

what이 사용된 의문문의 형태는 아래와 같습니다. 의문사what과 시간표현하는 명사는 함께 붙어 있다는 것이 특징입니다. 의문사가 앞으로 오면서 be동사나 조동사와 주어의 위치가 바뀌는 의문문의 특성을 그대로 유지합니다.

What month is it?
몇 월인가요?

What time do you go to sleep?
당신은 몇 시에 잠자리에 드나요?

What day will you arrive?
당신은 무슨 요일에 도착할 건가요?

✲ 날짜에 이용되는 숫자의 서수 표현 : 주로 “-th”가 붙는 숫자들

날짜는 보통 서수로 표기해서 주로 ‘th’가 붙습니다. 예를 들면 4월 4일은 “April 4th” 처럼 표기합니다. 하지만 1일은 “1st (first)”, 2일은 “2nd (second)”, 3일은 “3nd (third)”로 표기함에 주의해야 합니다.

1st, 2nd, 3rd, 4th, 5th, 6th ....

A: What day is it today?

오늘은 무슨 날이에요?

➡ **B: It's Christmas.** 크리스마스 입니다.

A: What holiday is it next month?

다음 달에는 무슨 공휴일이 있나요?

➡ **B: It's Thanksgiving.** 추수감사절이 있습니다.

A: What date is New Year's Eve?

새해 전야는 몇 일인가요?

➡ **B: December 31ˢᵗ.** 12월 31일입니다.

A: What date is your anniversary?

당신의 기념일은 몇 일인가요?

➡ **B: It's April 19ᵗʰ.** 4월 19일입니다.

A: What is your favorite season?

가장 좋아하는 계절은 언제인가요?

➡ **B: My favorite season is spring.**

가장 좋아하는 계절은 봄입니다.

잠깐!

오늘이 무슨 요일인지 물을 때는 "What day is it?", 그리고 오늘이 며칠인지 물을 때는 "What date is it?" 이라고 묻습니다.

단어와 문장

≪휴일≫

- Christmas 성탄절
- New Year's Eve 첫날 전야
- Independence Day 미국의 독립기념일
- Valentine's Day 발렌타인 데이
- Mother's Day / Father's Day 어머니의 날/아버지의 날(한국은 어버이 날로 함께 기념)
- Easter 부활절
- Lunar New Year 음력 새해 (설날)
- Thanksgiving 추수감사절
- Halloween 할로윈 데이

짝과 함께 오늘이 무슨 요일인지 그리고 좋아하는 휴일과 생일이 언제인지 서로 묻고 답해보세요. [Sample 답안 261p.]

A: **What day is it today?**

오늘이 무슨 요일인가요?

B: **It's** _____ .

오늘은 _____ 요일입니다.

A: **What is your favorite holiday?**

가장 좋아하는 휴일은 무슨 날인가요?

B: **My favorite holiday is** _____ .

제가 가장 좋아하는 휴일은 _____ 입니다.

A: **What day is your birthday?**

생일이 무슨 요일이에요?

B: **My birthday is** _____ .

제 생일은 _____ 요일 입니다.

How long does it take?

시간이 얼마나 걸릴까요?

It takes about 2 hours.
2시간 정도 걸립니다.

❋ **How long does it take to get to Seoul Station?**

서울역까지 시간이 얼마나 걸리나요?

➡ **It takes fifteen minutes.**

15분 걸립니다.

❋ **How long does it take to walk there?**

거기까지 걸어서 얼마나 걸리나요?

➡ **It takes about forty minutes.**

40분 정도 걸립니다.

❋ **How long did it take to make this salad?**

이 샐러드를 만드는 데 얼마나 걸렸나요?

➡ **It took about 20 minutes.**

약 20분 정도 걸렸습니다.

☆ **Vocabulary**

· **Seoul station** [sóul stéiʃən] 서울역 · **minute** [mínit] 분 · **salad** [sǽləd] 샐러드

✳ How long does it take? : 시간이 얼마나 걸리나요?

시간이 얼마나 걸리다는 표현에 쓰이는 동사는 "take"입니다.

This concert takes 2 hours. 이 콘서트는 2시간이 소요됩니다.

어느 정도의 시간이 걸리는지 물을 때, "How long" (얼마나)과 "take" (시간이 걸리다)가 짝이 되어 사용됩니다.

How long does it take? 시간이 얼마나 오래 걸리나요?

✳ "How"를 이용하는 다른 의문문들

"How long"이 시간이 얼마나 걸리는지에 묻는 것과 비슷한 구조로 "How far"는 거리(얼마나 멀리) "How much"는 얼마나 많은지(양/금액)에 대해 물을 때 사용합니다.

How far is the bus stop? 버스 정거장은 얼마나 먼가요?
It's 50 meters from here. 여기서 50미터 정도입니다.

How much is this bag? 이 가방은 얼마인가요?
It's 45 dollars. 45달러 입니다.

✳ about : 약/대략 (근사치를 표현할 때 이용되는 전치사)

시간, 돈, 거리, 양 등의 표현에서 근사치에 가까울 때 쓰는 전치사가 바로 "about"입니다. 때때로 "around"도 비슷한 의미로 쓰이기도 합니다.

About 30 people will be at the party.
대략 30명의 사람들이 파티에 올 것입니다.

The plane ticket costs about 350 dollars.
비행기 표 값은 약 350달러 정도 입니다.

A: How long does it take to write a letter?

편지를 쓰는데 시간이 얼마나 걸리나요?

➡ **B: It takes 5 minutes.**

5분 걸립니다.

A: How long does it take to fly to Los Angeles?

비행기를 타고 로스앤젤레스까지 가는데 시간이 얼마나 걸리나요?

➡ **B: It takes 12 hours.**

12시간 걸립니다.

A: How long does it take to reach City Hall?

시청까지 가는데 얼마나 걸리나요?

➡ **B: It will take 10 minutes.**

10분 걸릴 것입니다.

☆ **Vocabulary**

- **letter**[létər] 편지 · **fly**[flai] 날다/비행기타고 가다 · **Los Angeles**[lɔːs ǽndʒələs] 로스앤젤레스
- **City Hall**[síti hɔːl] 시청

단어와 문장

≪기간≫

· day 하루　　　· second 초　　　· month 한달

· minute 분　　　· year 한해　　　· hour 시간

· moment 순간

짝과 함께 다음의 질문을 하면서 시간이 얼마나 걸릴지 대답해보세요. [Sample 답안 261p.]

A: How long does it take to go to your office?

당신의 사무실까지 가는데 시간이 얼마나 걸리나요?

B: It takes _____

_____ 걸립니다.

A: How long does it take to fly to Japan?

일본까지 비행기로 시간이 얼마나 걸리나요?

B: It takes _____.

_____ 걸립니다.

A: How long does it take to reach Seoul Station?

서울역까지 가는데 시간이 얼마나 걸리나요?

B: It takes _____.

_____ 걸립니다.

하루의 다양한 시간대

At dawn, I wake up.
새벽에 나는 잠에서 깬다.

I brush my teeth in the morning.
나는 오전에 양치질을 한다.

At noon, I eat lunch.
정오에 나는 점심을 먹는다.

I work during the day.
나는 하루 동안(낮 동안) 일한다.

In the evening, I relax at home.
저녁에 나는 집에서 느긋하게 쉰다.

Finally, I go to sleep at night.
나는 마침내 밤에 잠든다.

여기 몇 가지 흔한 시간 표현들이 있습니다. 서로 어울리는 전치사에 주의하여 사용해보세요.

at (특정 시점) **: noon, dawn, night**
in : morning, afternoon, evening
during(지속되는 기간) **: day, night**

≪하루의 시간표현≫

- morning 아침
- afternoon 오후
- evening 저녁
- noon 정오
- midnight 자정
- night 밤
- day 낮/하루
- breakfast 아침식사
- lunch 점심식사
- dinner 저녁식사
- dawn 새벽
- dusk 해질녘/황혼

위의 시간 표현을 이용해서 자신의 일상을 이야기해보세요! [Sample 답안 261p.]

1. At dawn, I _____ .

   새벽에 나는 _____ .

2. I _____ in the morning.

   오전에 나는 _____ .

3. At noon, I _____ .

   정오에 나는 _____ .

4. I _____ during the day.

   낮에 나는 _____ .

5. In the evening, I _____ .

   저녁에 나는 _____ .

6. Finally, I _____ at night.

   마침내 밤에 나는 _____ .

Thomas' 말하기 쓰기
Exercises

A 아래 보기에 주어진 시간들을 짧은 시간부터 긴 시간까지 순서대로 나열하세요!

[Sample 답안 261p.]

보기

| hour | minute | month | day | second | year. |

❶ _____

❷ _____

❸ _____

❹ _____

❺ _____

❻ _____

B 보기에 주어진 요일 이름과 일치하는 칸을 채워주세요.

보기

| Thursday | Tuesday | Saturday | Monday |
| Friday | Sunday | Wednesday | |

❶	월요일	
❷	화요일	
❸	수요일	
❹	목요일	
❺	금요일	
❻	토요일	
❼	일요일	

238

C 아래 그림에 나온 것들과 어울리는 장소를 보기에서 골라주세요.

summer   breakfast   dawn
Thanksgiving   midnight

❶ _____

❷ _____

❸ _____

❹ _____

❺ _____

Anders'
Practice

다음 시간표현에 대한 답을 쓰고 옆 사람과 대화해보세요.   [Sample 답안 261p.]

❶ How long does it take to brush your teeth?

양치질 하는데 시간이 얼마나 걸리나요?

➡ _____

❷ What day is it today?

오늘은 무슨 요일인가요?

➡ _____

❸ What is your favorite season?

당신이 가장 좋아하는 계절은 무엇인가요?

➡ _____

❹ What time do you go to bed?

몇시에 잠을 자나요?

➡ _____

· **soccer match** [sákːr mæʧ]		축구경기
· **meeting** [míːtiŋ]		회의
· **birthday** [báːrθdèi]		생일
· **go to church** [ʧəːrʧ]		교회에 가다
· **every** [évriː]		매/모든
· **match** [mæʧ]		경기
· **anniversary** [æ̀nəvə́ːrsəri]		기념일
· **wake up** [weik ʌp]		(잠에서) 깨다
· **start** [staːrt]		시작하다/출발하다
· **finish** [fíniʃ]		끝나다/마치다
· **Seoul station** [sóul stéiʃən]		서울역
· **minute** [mainʤúːt]		분
· **salad** [sǽləd]		샐러드
· **letter** [létəːr]		편지
· **fly** [flai]		날다/비행기타고 가다
· **Los Angeles** [lɔːs ǽndʒələs]		로스앤젤레스
· **City Hall** [síti hɔːl]		시청

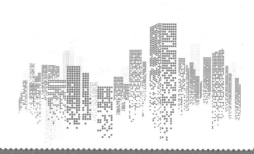

휴일과 명절
(휴일/축제일/휴가/기념일 등)

학습을 마치기 전 몇가지 대중적인 휴일과 그 휴일들이 어떻게 시작되었는지, 어떻게 그 휴일을 축하하는지, 그리고 그에 관련된 영어 단어가 있는지 함께 알아봅시다.

■ 크리스마스 Christmas [krísməs]

크리스마스는 전 세계에서 12월 25일에 기념합니다. 초기 유럽인들은 겨울이 가장 긴 날과 일치하는 때에 다양한 종교적인 겨울 축제를 즐겼습니다. 기독교에서는 예수의 탄생을 기념하며 공식적으로 약 4세기경부터 12월 25일을 지킵니다. 이렇게 현대적인 개념의 크리스마스가 과거 이교도 신앙과 관습을 대체하게 되었지만, 여전히 요즘에도 그때의 의식이 남아있습니다. 예를 들면 미슬토(mistletoe) 장식 아래에서 서로 입맞춤을 하는 크리스마스 관습은 고대 로마시대 드루이드교가 이 식물이 마법의 치유의 능력이 있다는 믿음에서 유래한 것이라고 합니다. 집안에 크리스마스트리 장식을 하는것 또한 상록수 나무 가지가 악한 영적인 기운을 쫓아낸다고 믿는 이교도적인 관습에서 유래한 것이라고 합니다. 크리스마스에 거리에서 캐럴(carol)을 부르는 것은 로마의 겨울 명절동안의 관습이었다고 합니다. (그러나 로마시대에는 벌거벗은 채로 캐럴을 불렀다고 하는군요!) 그리고 심지어 산타클로스(Santa Claus)도 그리스의 성자 니콜라스와 고대 노르웨이의 상상의 신 오딘이 합쳐진 것이라고 합니다.

■ 추수감사절 Thanksgiving [θæŋksgívíŋ]

추수감사절은 수확의 기쁨과 감사를 표현하는 축제입니다. 미국에서는 11월 3째주 목요일을 추수감사절로 기념하며 1621년 최초로 시작되었다고 하는데 매사추세츠의 플리머스라는 도시에서 50명의 유럽 필그림들(pilgrims, 메이플라워호를 타고 미국으로 간 사람들)이 90명의 원주민 인디언들(Native Americans)과 함께 앉아 3일간 함께 잔치를 한 것이라고 알려져 있습니다. 근래에는 모든 가족들이 모여 칠면조, 으깬 감자, 옥수수, 늙은 호박파이와 같은 요리를 함께 즐기는 명절입니다. 요즘은 추수감사절 다음날이 블랙프라이데이(Black Friday)라고 하여 이 날에는 많은 상점들이 큰 폭으로 할인 판매를 하며 많은 사람들이 이른 크리스마스 쇼핑을 시작하기도 합니다.

■ 핼러윈 Halloween [hǽləwíːn]

핼러윈이라는 이름은 '성스러운 전야'라는 의미의 스코틀랜드 말에서 유래하였다고 하며 hallowed 는 holy-성스러운-의 고어라고 합니다. 핼러윈은 고대 켈틱(스코틀랜드와 아일랜드 민족)의 추수 축제에 그 뿌리를 두는데 추수 시기가 끝나는 무렵은 곧 추운 겨울의 시작이라 여겼으며 그 시기에는 악한 요정들이나 영들이 강하게 활동한다고 믿었다고 합니다. 근래에 와서는 핼러윈데이에 마녀, 해적, 만화 주인공 등으로 옷 을 차려입고 변장 파티를 하며 축하를 합니다. 아울러 그 변장을 한 복장 차림으로 "Trick-or-treating(과자를 안 주면 장난 칠거야)"이라고 외치며 집집이 돌아다니며 사탕이나 과자를 얻습니다. 만약 여러분이 집으로 찾아온 그들에게 사탕을 주면 (treat) 그들은 여러분에게 고분고분할 것이지만 여러분이 그들에게 사탕을 주지 않는다면 그들은 여러분에게 짓궂게(trick) 대할 것입니다.

■ 미국의 독립기념일 Independence day [ìndipéndənsdei]

대부분의 나라들은 다양하게 그들만의 독립기념일이 있습니다. 미국에서는 대영 제국에서 독립한 것을 기념하며 7월 4일에 지킵니다. 미국의 독립 선언서가 1776년 7월 4일에 선포되었기 때문입니다. 현대에는 불꽃놀이(fireworks), 거리행진 퍼레이드(parade), 또는 바비큐(barbecue) 파티 등을 하면서 함께 기념합니다.

한국에서는 위의 휴일 중 어떤 것을 축하하나요?
여러분의 휴일이나 명절은 유럽이나 미국의 휴일이나 명절과는 다른가요?
여러분이 가장 좋아하는 명절이나 휴일은 무엇인가요?
그 날을 기념하며 여러분은 보통 무엇을 하시나요?
전통적인 명절이 있나요?

음식점에서 흔히 찾아볼 수 있는 영어 단어들

In a restaurant!

- **waiter** [wéitər] (식당의) 남자 종업원, 웨이터

- **menu** [ménjuː] 메뉴

- **tray** [trei] 쟁반

- **spoon** [spuːn] 숟가락

- **table** [téibl] 식탁, 탁자, 테이블

- **chef** [ʃef] 요리사

- **knife** [naif] 칼, 나이프

- **apron** [éiprən] 앞치마

우체국에서 흔히 찾아볼 수 있는 영어 단어들

At the post office!

- **envelope** [énvəlòup] 봉투
- **mailbox** [meilbaks] 우체통
- **package** [pǽkidʒ] 꾸러미, 소포
- **glue** [glu:] 풀, 접착제

- **stamp** [stæmp] 우표, 도장
- **postman** [poustmæn] 우편 배달부
- **tape** [teip] 테이프
- **scissors** [sízərz] 가위

수퍼마켓에서 흔히 찾아볼 수 있는 영어 단어들

At the supermarket!

- aisle [ail] 통로

- receipt [risíːt] 영수증

- queue [kjuː] 줄, 대기 행렬

- meats [miːt] 육류

- basket [bǽskit] 바구니

- shopping cart [ʃápiŋ kaːrt] 쇼핑 카트

- dairy [dέəri] (버터, 치즈 등) 유제품

- vegetables [védʒətəbl] 채소

At the movie theatre!

- **seat** [si:t] 좌석, 자리
- **movie tickets** [múːvi tíkit] 영화 표, 티켓
- **movie poster** [múːvi póustər] 영화 포스터
- **screen** [skriːn] 화면, 스크린

- **popcorn** [pápkɔ̀ːrn] 팝콘
- **soft drinks** [sɔːft driŋk] 청량음료
- **counter** [káuntər] 계산대, 판매대
- **trailer** [tréilər] 예고편

English Jokes!

Girl: **You would be a good dancer except for two things.**

넌 2가지만 빼면 참 훌륭한 댄서일텐데…

Boy: **What are the two things?**

그 2가지가 뭐야?

Girl: **Your feet.**

네 두 발.

Man: **Excuse me, can I pet your dog?**

실례합니다. 당신의 강아지를 쓰다듬어줘도 될까요?

Woman: **Of course!** 물론이죠!

Man: **Is he friendly?** 강아지가 얌전한가요?

Woman: **Yes, he's very friendly.** 네. 되게 친근해요.

Man: **Does he bite?** 물기도 하나요?

Woman: **No, he doesn't bite.** 아뇨. 전혀 그렇지 않아요.

The man tries to pet the dog, it bites him.

남자가 강아지를 쓰다듬자 강아지가 남자를 문다.

Man: **Hey, you said your dog doesn't bite!**

이봐요! 당신의 강아지는 물지 않는다면서요!

Woman: **That's right. But this is not my dog!**

맞아요. 그런데 그 강아지는 제 강아지가 아니에요!

Man: **I can never get married! Every time I bring a woman home to meet my parents, my mother doesn't like her.** 난 절대 결혼하지 못할거야! 매번 내가 결혼할 여자를 데리고 와서 부모님께 선뵈면 어머니가 그녀를 좋아하지 않아.

Friend: **That's easy! Just try to find a girl who's exactly like your mother.** 쉬운 방법이 있지! 딱 너희 어머니와 비슷한 여자를 찾아서 어머니께 보여드려.

Man: **I've tried that. 3 months ago, I met the perfect girl who was just like my mother. And you're right, my mother liked her very much.** 그 방법도 해봤어. 3개월 전 어머니랑 똑같은 완벽한 여자를 만났지. 그리고 네 말대로 어머니는 그녀를 너무 좋아하시더라고.

Friend: **Then what was the problem?** 그런데 뭐가 문제였어?

Man: **My father didn't like her.** 아버지가 그녀를 싫어하시더군.

Q: **Why did the boy bring a ladder to school?** 왜 그 남자 아이는 학교에 사다리를 가져갔을까요?

A: **He wanted to go to high school.** 고등학교에 가고 싶어서.

Answers

정답

Chapter 1

A · 문제 24~25p.

(1) 소다: <u>soda</u>

(2) 창문: <u>changmun</u>

(3) 떡국: <u>tteokguk</u>

(4) 유재석: <u>Yu Jae-seok</u>

(5) 제주도: <u>Jejudo</u>

(6) 소녀시대: <u>Sonyeo Sidae</u>

(7) 자기 이름 : <u>Ahn Jaemin</u>

B

(1) L<u>E</u>G 다리   (2) D<u>A</u>D 아빠   (3) <u>F</u>ORK 포크

C

(1) 3 = <u>three</u>   (2) 6 = <u>six</u>

(3) 8 = <u>eight</u>   (4) 1 = <u>one</u>

(5) 4 = <u>four</u>   (6) 10 = <u>ten</u>

Chapter 2

Unit 2-1 · 문제 31p.

Hello. I'm <u>Jenny</u>. 안녕하세요. 나는 제니입니다.

I'm a <u>woman</u>. 나는 여성입니다.

I'm a <u>teacher</u>. 나는 선생입니다.

Unit 2-2 · 문제 37p.

A: How are you? 어떻게 지내니?

B: I'm <u>fine</u>. 좋아요.

　How do you feel? 넌 어때?

A: I feel <u>hungry</u> today. 나는 오늘 배가 고프네요.

1 · 문제 38~39p.

(A) 52 years old → <u>fifty-two</u> years old. 52세

(B) 81 years old → <u>eighty-one</u> years old. 81세

(C) 21 years old → <u>twenty-one</u> years old. 21세

2

(A) I am <u>forty-nine years old</u>.

　저는 49살 입니다.

(B) He/She is <u>twenty-seven years old</u>.

　그/그녀는 27살입니다.

A · 문제 40~41p.

(1) ttuesnd : <u>student</u> 학생

(2) sreun : <u>nurse</u> 간호사

(3) dootcr : <u>doctor</u> 의사

(4) ckoo : <u>cook</u> 요리사

(5) wayler : <u>lawyer</u> 변호사

(6) lotpi : <u>pilot</u> 비행기 조종사

(7) eetachr : <u>teacher</u> 교사

(8) racot : <u>actor</u> 남자 배우

B

긍정적인 감정	부정적인 감정
good 좋은	sad 슬픈
happy 기쁜, 행복한	lazy 게으른
great 대단한, 멋진	scared 무서운
excited 흥분한, 흥미로운	upset 화가난, 언짢은

C

(1) eleven : 11   (2) thirteen : 13

(3) fifteen : 15   (4) twenty-nine : 29

(5) forty-three : 43   (6) seventy-eight : 78

(7) eighty-seven : 87

• 문제 42p.

① My name is Toby. (name)
제 이름은 토비입니다.

② I am twenty-four years old. (age)
저는 24세입니다.

③ I am a man. (gender) 저는 남성입니다.

④ I am a student. (job) 저는 학생입니다.

⑤ I feel fine. (emotion) 저는 기분이 좋아요.

Chapter 3

Unit 3-1 • 문제 51p.

This is Chris. 이 사람은 크리스입니다.
He is handsome. 그는 미남입니다.
He is a serious man. 그는 진지한 남자입니다.

Extra • 문제 53p.

(1) The chair is empty. 이 의자는 텅 비었습니다.

(2) The eraser is smooth. 이 지우개는 부드럽습니다.

(3) The bottle is full. 이 병은 가득찼습니다.

Unit 3-2 • 문제 57p.

She has black hair. 그녀의 머리카락은 검은색입니다.
She wears white shirts. 그녀는 흰색 셔츠를 입습니다.
She likes interesting books.
그녀는 흥미로운 책들을 좋아합니다.

She likes handsome men.
그녀는 잘생긴 남성들을 좋아합니다.

Unit 3-3 • 문제 61p.

A: How is the movie? 그 영화 어때요?
B: It's fun. 재미있었어요.
A: That's good. 좋네요.
B: How is the food? 그 음식은 어떤가요?
A: It's disgusting. 역겨워요.
B: That's too bad. 안됐군요.

Extra • 문제 63p.

A: How is the weather today? 오늘 날씨가 어때요?
B: It's rainy. 비가 옵니다.

Unit 3-4 • 문제 67p.

A: What is this/that? 이것/저것은 무엇입니까?
B: That is a house. 저것은 집입니다.
A: Is this a pencil? 이것은 연필인가요?
B: No, it's a chair. 아니오, 의자입니다.

Unit 3-5 • 문제 71p.

A: Who is that? 저 분은 누구입니까?
B: That is my mother. 저 분은 제 어머니입니다.
A: Who is this man? 이 남자분은 누구입니까?
B: That's my brother. 그는 제 형/오빠/남동생입니다.
A: Is this your wife? 이 분은 당신의 부인입니까?
B: No. that's my daughter.
아니요, 그녀는 제 딸입니다.

Extra • 문제 73p.

(1) You are smart.
당신은 영리합니다.

(2) They are very kind.
그들은 매우 친절합니다.

(3) We are happy students.
우리는 행복한 학생들입니다.

• 문제 74~75p.

A

(1) cloudy 흐린   (2) sunny 화창한
(3) snowy 눈이 오는   (4) rainy 비가 오는
(5) hot 더운   (6) cold 추운

B

(1) mother 어머니   (2) father 아버지
(3) daughter 딸   (4) son 아들
(5) baby 아기

C

(1) HOUSE 집　　　(2) BED 침대

(3) FRIEND 친구　　(4) FOOD 음식

(5) SHOP 상점　　　(6) ROAD 길

D

(1) I am a woman. 저는 여성입니다.

(2) They live in a big house. 그들은 큰 집에 살아요.

(3) He goes to school. 그는 학교에 갑니다.

(4) She drinks a lot of tea. 그녀는 차를 많이 마십니다.

(5) You wear red shoes. 당신은 빨간 신발을 신습니다.

 Anders' Practice · 문제 76p.

A

(1) This is Yeon-su. 이 사람은 연수입니다.

(2) She is my classmate. 그녀는 제 반친구입니다.

(3) She is a funny woman.
그녀는 재미있는 여성입니다.

(4) She wears black shoes.
그녀는 검정색 신발을 신습니다.

B

(1) How is this book? 이 책은 어떤가요?
→ It's interesting. 이것은 재미있어요.

(2) How is your mother? 당신의 어머니는 어떠세요?
→ She is short. 그녀는 키가 작아요.

(3) How is the weather today? 오늘 날씨는 어때요?
→ It's cloudy. 흐립니다.

Chapter 4

Unit 4-1 · 문제 85p.

A: Can you write a book?
당신은 책을 쓸 수 있나요?

B: Yes. I can. / No. I can't.
네, 할 수 있습니다. /아니요, 할 수 없습니다.

I can drive a car.
저는 운전할 수 있습니다.

B: What can you do?
당신은 무엇을 할 수 있나요?

A: I can sing a song.
저는 노래를 부를 수 있습니다.
But I can't bake a cake.
하지만 빵은 구울 수 없습니다.

Unit 4-2 · 문제 89p.

A: What sports do you like?
어떤 스포츠를 좋아하세요?

B: I like volleyball. 전 배구를 좋아해요.

A: Do you like ice skating?
당신은 아이스 스케이팅을 좋아하세요?

B: No. I don't like ice skating.
아니요, 아이스 스케이팅을 좋아하지 않아요.

Unit 4-3 · 문제 93p.

A: What do you do in your free time?
한가할 때 뭐 하세요?

B: I like writing books.
전 책 쓰는것을 좋아합니다.
How about you? 당신은요?

A: I like playing piano.
저는 피아노 연주하는것을 좋아해요.
I also like studying English.
저는 영어를 공부하는것도 좋아합니다.

Unit 4-4 · 문제 97p.

A: What do you want to do?
무엇을 하고싶으세요?

B: I want to visit Germany.
저는 독일에 가고싶어요.
I want to see Neuschwanstein.
저는 노이슈반슈타인 성을 보고싶어요.
How about you? 당신은요?

A: I want to visit the U.K.
저는 영국에 가고싶어요.
I want to eat fish and chips.
저는 피쉬 앤 칩스를 먹고싶어요.

A: What drink would you like?
어떤 음료를 원하세요?

B: I'd like some <u>lemonade</u>.
전 레모네이드를 원합니다.

A: Do you want <u>beer</u> or <u>wine</u>?
당신은 맥주 또는 포도주를 원하세요?

B: I'd like <u>beer</u>. 전 맥주를 원합니다.

 · 문제 100~101p.

A

(1) I <u>want to</u> visit France.
프랑스에 가고 싶어요.

(2) What do you do in your <u>free time</u>?
한가할 때 무엇을 하세요?

(3) I like <u>studying</u> English.
영어 공부하기를 좋아해요.

(4) What sport <u>do you like</u>?
어떤 스포츠를 좋아하세요?

(5) I <u>can</u> bake a cake.
저는 케이크를 만들 수 있어요

B

(1) Germany 독일

(2) the U.K 영국

(3) Korea 한국

(4) the U.S.A / America 미국

(5) China 중국

(6) Italy 이탈리아

C

(1) I like <u>watching</u> T.V. 저는 티비 보는것을 좋아해요.

(2) You like <u>going</u> to the movies.
당신은 영화 보러가기를 좋아합니다.

(3) She likes <u>playing</u> computer games.
그녀는 컴퓨터 게임을 하는것을 좋아합니다.

(4) Do you like <u>reading</u> books?
당신은 독서를 좋아하나요?

(5) They like <u>eating</u> lunch at home.
그들은 집에서 점심 먹는것을 좋아합니다.

 · 문제 102p.

(1) I can <u>play guitar</u> well.
저는 기타를 매우 잘 칩니다.

(2) I can't <u>play piano</u> well.
저는 피아노를 잘 연주하지 못합니다.

(3) I like <u>to watch</u> scary movies.
저는 무서운 영화 보는것을 좋아해요.

(4) I like <u>visiting</u> Japan.
저는 일본에 가기를 좋아합니다.

(5) I'm good at <u>playing</u> basketball.
저는 농구를 잘 합니다.

(6) I want to <u>speak</u> Chinese well.
저는 중국어를 잘 했으면 좋겠어요.

Chapter 5

Unit 5-1 · 문제 111p.

A: I'm <u>bored</u>. 저는 지루해요.

B: <u>Turn on the radio</u>. 라디오를 틀어요.

B: It's <u>too noisy</u>. 너무 시끄럽네요.

A: <u>Close the window</u>. 창문을 닫아요.

Unit 5-2 · 문제 115p.

A: What should we eat? 우리 무엇을 먹을까요?

B: Let's eat <u>meat</u>. 고기를 먹읍시다.

A: No, let's go to a <u>Korean</u> restaurant.
아니, 한국 음식점에 갑시다.

B: OK, let's eat <u>noodles</u> there.
좋아요. 거기에서 국수를 먹읍시다.

Unit **5-3** · 문제 119p.

A: I'm going to the supermarket. What should I buy? 저는 수퍼마켓에 갑니다. 무엇을 사야하나요?

B: You should buy some carrots.
당신은 당근을 약간 사야합니다.

A: Should I buy some berries? 베리도 좀 살까요?

B: Yes, you should. 네, 그러세요.

A: Should I buy some bananas?
바나나도 좀 사야하나요?

B: No, you shouldn't. 아니오, 사지않아도 되요.

Extra · 문제 121p.

A: What should we buy? 우리는 무엇을 사야하나요?

B: Let's buy four onions. 또는 Let's buy some rice. 양파 4개를 삽시다. 또는 쌀을 약간 삽시다.

 · 문제 122~123p.

A

(1) six carrots 당근 6개

(2) some water 물 약간

(3) some rice 쌀 약간

(4) three onions 양파 3개

(5) four cherries 체리 4개

(6) some bread 빵 약간

B

(1) ⓒ (2) ⓔ (3) ⓑ (4) ⓓ (5) ⓐ

 · 문제 124p.

(1) I'm hungry. 나는 배가 고파요.
→ Eat some lettuce. 양상추를 좀 먹으렴.

(2) I feel hot. 덥네요.
→ Open the window. 창문을 열어요.

(3) What should we do today?
오늘 우리는 무엇을 해야할까요?
→ Let's visit my brother.
제 형/남동생/오빠를 방문합시다.

(4) I'm bored. 지루해요.
→ You should write a letter. 편지를 쓰세요.

Chapter **6**

Unit **6-1** · 문제 133p.

A: Are you single? 당신은 미혼인가요?

B: No, I'm not single. 아니오, 저는 미혼이 아닙니다.

A: Are you busy these days? 요즘 당신은 바쁜가요?

B: Yes, I am busy these days. 네, 요즘 저는 바빠요.

Extra · 문제 135p.

A: Where is the eraser? 지우개는 어디에 있어요?

B: The eraser is in the pencil case.
지우개는 필통 안에 있어요.

The eraser is not under the book.
지우개는 책 아래에 없습니다.

Unit **6-2** · 문제 139p.

A: Where should I exercise?
제가 어디에서 운동을 해야할까요?

B: Don't exercise in the basement.
지하실에서 운동을 하지마세요.

You should exercise in the garden.
당신은 정원에서 운동을 해야합니다.

 · 문제 140~141p.

A

(1) I am not a man. 나는 남성이 아니에요.

(2) He is not (isn't) retired. 그는 은퇴하지 않았습니다.

(3) I can not (can't) sing well. 저는 노래를 잘 못해요.

(4) The dog is not (isn't) in the living room.
개는 거실에 없습니다.

B

(1) The ball is <u>on</u> the table. 공이 테이블 위에 있다.

(2) The ball is <u>in front of</u> the T.V. 공이 티비 앞에 있다.

(3) The ball is <u>under</u> the chair. 공이 의자 아래에 있다.

(4) The ball is <u>in</u> the box. 공이 상자 안에 있다.

C

(1) kitchen 부엌   (2) garden 정원

(3) garage 차고   (4) bathroom 욕실

(5) bedroom 침실   (6) living room 거실

 • 문제 142p.

(1) Work 직장

→ I do not <u>sleep</u> at work.
저는 직장에서 자지 않아요.

(2) Bedroom 침실

→ I <u>do not eat</u> in the bedroom.
저는 침실에서 식사하지 않습니다.

(3) Bathroom 욕실

→ I <u>do not play football</u> in the bathroom.
저는 욕실에서 축구를 하지 않습니다.

(4) English class 영어교실

→ I <u>do not speak Korean</u> in English class.
저는 영어교실 안에서 한국어를 사용하지 않습니다.

(5) Restaurant 음식점

→ I <u>do not sing</u> in a restaurant.
저는 음식점에서 노래하지 않습니다.

Chapter 7

Unit 7-1 • 문제 151p.

A: Is this your <u>son-in-law</u>?
이분은 당신의 사위인가요?

B: Yes, that is <u>my son-in-law</u>.
네, 저 사람은 제 사위입니다.

Is that your <u>grandmother</u>?
저분은 당신의 할머니입니까?

A: No, that is not my <u>grandmother</u>.
아니오, 저분은 제 할머니가 아니에요.

That's my <u>aunt</u>.
저 분은 제 이모/고모/숙보/아주머니입니다.

Unit 7-2 • 문제 155p.

A: Do you like <u>the river</u>? 당신은 강을 좋아하나요?

B: Yes, I do. 네, 좋아합니다.

A: Can you <u>drive to the beach</u>?
당신은 바닷가로 운전해 갈 수 있나요?

B: Maybe. 아마도요.

A: Will you <u>visit the ocean</u>? 바다에 갈 건가요?

B: No, I won't. 아니오, 가지 않을 것입니다.

Extra • 문제 157p.

A: Excuse me. Can I borrow your <u>camera</u>?
실례합니다. 당신의 카메라를 빌려도 될까요?

B: OK, here you go. 좋아요. 여기 있습니다.

Can I borrow your <u>CD player</u>?
당신의 CD 플레이어를 빌려가도 될까요?

A: Yes, here you go. 네. 여기요.

Unit 7-3 • 문제 161p.

A: What time is it? 몇 시 입니까?

B: It is 11.08 a.m. 오전 11시 8분 입니다.

A: What city are you from? 어느 도시에서 오셨나요?

B: I am from <u>Daejeon</u>. 저는 대전에서 왔습니다.

A: What transportation do you use?
어떤 대중교통 수단을 이용하세요?

B: I <u>take a taxi</u>. 저는 택시를 탑니다.

A: What <u>actor</u> do you like?
어떤 남자 배우를 좋아하세요?

B: I like <u>Robert DeNiro</u>.
저는 로버트 드니로를 좋아합니다.

 • 문제 164~165p.

A

(1) ⓔ   (2) ⓑ   (3) ⓐ   (4) ⓓ   (5) ⓒ

B

(1) beach 해변가 → ⓑ sand 모래

(2) keyboard 키보드 → ⓒ mouse 마우스

(3) grandfather 할아버지 → ⓓ grandmother 할머니

(4) tree 나무 → ⓐ leaf 나뭇잎

(5) bus 버스 → ⓔ bus stop 버스 정류장

 Anders' Practice · 문제 166p.

(1) **What is your name?** 당신의 이름은 무엇입니까?

→ My name is <u>Angelica</u>. 제 이름은 안젤라입니다.

(2) **Where do you live?** 당신은 어디에서 살아요?

→ I live in <u>Mokdong</u>. 저는 목동에서 삽니다.

(3) **When were you born?** 당신은 언제 태어났나요?

→ I was born in <u>1972</u>. 저는 1972년에 태어났습니다.

(4) **Who do you like?** 당신은 누구를 좋아합니까?

→ I like <u>Hugh Jackman</u>. 저는 휴 잭맨을 좋아합니다.

(5) **Why are you studying English?**

당신은 왜 영어를 공부하나요?

→ Because <u>I have a lot of free time</u>.

저는 여가 시간이 많기 때문입니다.

(6) **How do you study English?**

당신은 어떤 방법으로 영어를 공부합니까?

→ In <u>an English class</u>. 영어 교실에서요.

Chapter 8

Unit 8-1 · 문제 175p.

A: **What are you wearing?**

당신은 무슨 옷을 입고있나요?

B: I am wearing <u>a white t-shirt and shorts</u>.

저는 흰 티셔츠와 반바지를 입고 있습니다.

A: **What are you doing now?**

당신은 지금 무엇을 하고있나요?

B: I am <u>studying English at home</u>.

저는 집에서 영어 공부를 하는 중입니다.

A: **What is your husband doing now?**

당신의 남편은 지금 무엇을 하고있나요?

B: He is <u>watching a baseball game</u>.

그는 야구경기를 보는 중입니다.

Unit 8-2 · 문제 179p.

A: Yesterday. I was <u>excited</u>. 어제 나는 들떴습니다.

Last year. I was <u>healty</u>. 작년에 나는 건강했습니다.

How about you? 당신은 어땠어요?

B: This morning. I was <u>confused</u>.

오늘 아침 나는 혼란스러웠어요.

Yesterday, I was <u>relaxed</u>. 어제 나는 편안했습니다.

Unit 8-3 · 문제 183p.

A: **What did you do <u>last weekend</u>?**

지난 주말에 무엇을 했나요?

B: I <u>went to a museum</u>. 박물관에 다녀왔어요.

Then I <u>drank coffee</u>. 그리고 커피를 마셨습니다.

A: **That sounds fun.** 재미있었겠네요.

I <u>cleaned my bathroom</u>. 저는 욕실을 청소했어요.

I also <u>cooked dinner</u>. 저녁 식사도 만들었죠.

Unit 8-4 · 문제 187p.

A: **What will you do tomorrow?**

당신은 내일 무엇을 할 것입니까?

B: I will <u>buy a new office chair</u>.

저는 사무실 의자를 새로 구입할 것입니다.

B: **How about you?** 당신은요?

A: I will <u>meet my daughter-in-law</u>.

저는 며느리를 만날 것입니다.

Extra · 문제 189p.

(1) I <u>sometimes</u> go to the movies.

저는 가끔 극장에 갑니다.

(2) I <u>often</u> get stressed. 저는 자주 스트레스를 받아요.

(3) I <u>never</u> take a taxi to work.

저는 절대로 택시를 타고 출근하지 않습니다.

A

(1) He is playing guitar.
그는 기타를 연주하는 중입니다.

(2) They are reading a book.
그들은 책을 읽는 중입니다.

(3) They are having a party.
그들은 파티를 하는 중입니다.

(4) She is brushing her hair.
그녀는 머리를 빗는 중입니다.

(5) He is baking cookies.
그는 과자를 굽는 중입니다.

(6) She is wearing a red dress.
그녀는 빨간색 원피스를 입는 중입니다.

B

(1) hair 머리카락   (2) ear 귀   (3) mouth 입
(4) stomach 위, 배   (5) leg 다리   (6) eye 눈
(7) arm 팔   (8) foot 발

 · 문제 192p.

A

(1) Last weekend. I went shopping.
지난 주말에 나는 쇼핑을 갔습니다.

(2) I met my best friend.
저는 친한 친구를 만났어요.

(3) I went to a department store.
저는 백화점에 갔습니다.

(4) I bought some new shoes.
저는 새 신발을 샀습니다.

B

(1) This weekend. I will go mountain hiking.
이번 주말에 나는 등산을 갈 것입니다.

(2) I will meet my hiking club.
저는 등산 클럽 친구들을 만날거예요.

(3) I will go to Bukhan mountain.
저는 북한산에 갈 것입니다.

(4) I will hike for 5 hours.
저는 5시간 동안 등산을 할 것입니다.

Chapter 9

Unit 9-1 · 문제 201p.

A: Do you prefer mountains or the beach?
산과 바다 중 어디가 더 좋아요?

B: I like the beach more than mountains.
저는 산보다는 바다가 더 좋아요.

A: Do you prefer wearing dresses or jeans?
당신은 원피스 혹은 청바지 중 무엇을 더 선호하나요?

B: I like dresses more than jeans.
저는 청바지보다는 원피스가 더 좋아요.

A: Do you prefer reading books or magazines?
당신은 책 혹은 잡지 중 무엇을 읽는것이 더 좋아요?

B: I like reading books more than magazines.
저는 잡지보다는 책을 읽는것을 선호합니다.

Unit 9-2 · 문제 205p.

A: Who is older. Veronica or Jerry?
베로니카와 제리 중 누가 더 나이가 많아요?

B: Veronica is older than Jerry.
베로니카가 제리보다 나이가 더 많아요.

A: Who is taller. Cecilia or Terry?
쎄실리아와 테리 중 누가 더 키가 커요?

B: Terry is taller than Cecilia.
테리가 쎄실리아보다 키가 더 커요.

Unit 9-3 · 문제 209p.

A: What is the best park?
최고의 공원은 어느 공원인가요?

B: Namsan Park is the best.
남산 공원이 제일 좋지요.

A: What is the most expensive university?
학비가 가장 비싼 대학교는 어디인가요?

B: Yonsei University is the most expensive.
연세대학교가 가장 비싸요.

A: Where is the nearest school?
가장 가까운 학교는 어디예요?

B: The elementary school is the nearest.
초등학교가 가장 가깝습니다.

 Thomas' Exercises · 문제 210~211p.

A

(1) The cow is bigger than the pig.
소가 돼지보다 더 커.

(2) The bird is faster than the giraffe.
새가 기린보다 더 빨라.

(3) The elephant is heavier than the dog.
코끼리가 개보다 더 무거워.

(4) The dog is cuter than the mouse.
개가 쥐보다 더 귀여워.

(5) The elephant is smarter than the giraffe.
코끼리가 기린보다 더 영리해.

B

(1) hospital 병원   (2) park 공원
(3) department store 백화점   (4) airport 공항
(5) school 학교   (6) library 도서관

 Anders' Practice · 문제 212p.

(1) Who is the youngest student in your class?
당신의 학급에서 가장 어린 학생은 누구인가요?
   → Eunjin is the youngest student in our
     class. 우리 반에서는 은진이가 제일 어린 학생입니다.

(2) Who is the funniest student in your class?
당신의 반에서 가장 웃긴 학생은 누구입니까?
   → Benny is the funniest student in our class.
     우리반에서 가장 웃긴 학생은 베니입니다.

(3) Who is the most beautiful in your class?
당신의 반에서 가장 아름다운 학생은 누구입니까?
   → Kelly is the most beautiful in our class.

켈리가 우리반에서 가장 아름다운 학생입니다.

(4) Who is the best English speaker in you
class? 당신의 학급에서 가장 영어를 잘 하는 학생은 누구
인가요?
   → I am the best English speaker in our class.
     우리반에서 가장 영어를 잘 하는 학생은 저에요.

Chapter 10

Unit 10-1 · 문제 221p.

A: When is our English class?
우리 영어수업은 언제인가요?

B: Our English class is on Tuesdays and
Fridays. 우리 영어 수업은 화요일과 금요일입니다.

A: What day is your birthday this year?
올해 당신의 생일은 무슨 요일인가요?

B: My birthday is on Saturday this year.
제 생일은 올해 토요일입니다.

A: When is your next free day?
다음번 당신의 휴일은 언제인가요?

B: My next free day is on Friday.
다음 제 휴일은 금요일입니다.

· Extra · · 문제 223p.

(1) What month were you born?
당신은 몇 월에 태어났습니까?
   → I was born in November.
     저는 11월에 태어났습니다.

(2) What season were you born?
당신은 어느 계절에 태어났나요?
   → I was born in spring. 저는 봄에 태어났습니다.

Unit 10-2 · 문제 227p.

A: What time do you wake up?
몇 시에 일어나세요?

B: I wake up at 8:15. 저는 8시 15분에 일어나요.

A: What time does your class finish?
당신의 수업은 몇 시에 끝나요?

B: It finishes at 4 p.m. 수업은 오후 4시에 끝납니다.

A: What time does the store open?
그 상점은 몇 시에 문을 여나요?

B: It opens at 10 a.m. 오전 10시에 문을 열어요.

Unit 10-3 · 문제 231p.

A: What day is it today? 오늘은 무슨 요일인가요?

B: It's Wednesday, the 3rd. 오늘은 3일, 수요일입니다.

A: What is your favorite holiday?
당신이 가장 좋아하는 휴일은 언제인가요?

B: My favorite holiday is Halloween.
제가 제일 좋아하는 휴일은 핼로윈입니다.

A: What day is your birthday?
당신의 생일은 언제인가요?

B: My birthday is February 14th.
제 생일은 2월 14일 입니다.

Unit 10-4 · 문제 235p.

A: How long does it take to go to your office?
당신의 사무실까지 가는데 시간이 얼마나 걸리나요?

B: It takes 35 (thirty-five) minutes.
35분이 걸립니다.

A: How long does it take to fly to Japan?
일본까지 비행기 타고 시간이 얼마나 걸려요?

B: It takes about 2 hours. 약 2시간 정도 걸립니다.

A: How long does it take to reach Seoul
Station? 서울역까지 가는데 시간이 얼마나 걸리죠?

B: It takes about 40 (forty) minutes.
약 40분 정도 걸립니다.

Extra · 문제 237p.

(1) At dawn. I sleep. 새벽에 나는 잠을 잡니다.

(2) I go to work in the morning.
저는 오전에 출근을 합니다.

(3) At noon. I take a walk. 정오에 저는 산책을 합니다.

(4) I feel tired during the day.
저는 낮에 피곤함을 느낍니다.

(5) In the evening. I go to the movies.
저녁 때 나는 극장에 갑니다.

(6) Finally. I have dinner at night.
마침내 저는 밤에 저녁 식사를 합니다.

 Thomas' Exercises · 문제 238~239p.

A

(1) second 초
(2) minute 분
(3) hour 시간
(4) day 하루, 낮
(5) month 월
(6) year 해, 연도

B

(1) 월요일 – Monday
(2) 화요일 – Tuesday
(3) 수요일 – Wednesday
(4) 목요일 – Thursday
(5) 금요일 – Friday
(6) 토요일 – Saturday
(7) 일요일 – Sunday

C

(1) midnight 한밤중
(2) summer 여름
(3) dawn 새벽
(4) Thanksgiving 추수감사절
(5) breakfast 아침식사

 Anders' Practice · 문제 240p.

(1) How long does it take to brush your teeth?
양치질 하는데 시간이 얼마나 걸리나요?
→ It's takes about 3 minutes.
약 3분 정도 걸립니다.

(2) What day is it today? 오늘은 무슨 요일입니까?
→ Today is Tuesday. 오늘은 화요일입니다.

(3) What is your favorite season?
당신이 가장 좋아하는 계절은 무엇인가요?
→ My favorite season is summer.
제가 제일 좋아하는 계절은 여름입니다.

(4) What time do you go to bed?
당신은 몇시에 잠자리에 드나요?
→ I usually go to bed at 11 p.m.
저는 보통 밤 11시에 잠자리에 듭니다.

토마스의

착한 ·포켓판· 여행영어

Pure and Simple Travel English

여행에서 경험할 수 있는 모든 영어가 여기에!

토마스가 겪은 흥미진진한 이야기와 여행 Tip

eduᵀⱽ 여행영어 방송 교재

착한 영어 시리즈 1

MP3 무료다운

jinmyong.com

저자 | Thomas L. Frederiksen
번역 | Carl Ahn

(주)진명출판사

VM (주)진명출판사

착한 영어 시리즈 3

토마스와 앤더스의

착한 1·2·3 쉬운 생활영어

Pure and Simple Easy, Everyday English

한 단어, 두 단어, 세 단어로 말할 수 있는
간단한 표현들!

MP3 파일 무료 다운로드
www.jinmyong.com

저자 | Thomas & Anders Frederiksen
번역 | Carl Ahn

(주)진명출판사

(주)진명출판사

토마스와 앤더스의

착한여행
Pure and Simple
English Travel Diary
영어일기

착한 영어 시리즈 4

남미편

브라질, 아르헨티나, 칠레, 페루, 볼리비아
여행일기를 통해 어렵기만 했던 장문독해를 쉽고, 재미있게!

저자 | Thomas & Anders Frederiksen
번역 | Carl Ahn

VM (주)진명출판사

토마스와 앤더스의

착한 영문법
Pure and Simple Grammar

토마스, 앤더스 두 영팝브로가 전하는 가장 쉽고 간단한 영문법 과외 노트!
한국에서 영어를 가르치며 터득한 영어 교육법 대공개!
간단하고 재미있는 문제풀이를 통한 쉬운 학습

저자 | Thomas & Anders Frederiksen
번역 | Carl Ahn

VM (주)진명출판사

VM (주)진명출판사

토마스와 앤더스의

착한 생활영어

Pure and Simple English Conversation

착한 영어 시리즈6

영어선생 토마스와 앤더스에게 **뉴욕 현장영어를** 배우자!
어떤 상황에서도 말할 수 있는 네가지의 표현들!
미국인들이 자주 사용하는 문장, 미국영어와 영국영어 비교표현!

MP3 무료다운
jinmyong.com MP3 CD

저자 | Thomas & Anders Frederiksen
번역 | Carl Ahn

Thomas

iVM (주)진명출판사

토마스와 앤더스의

착한 여행영어 회화

·교재용·

착한 영어 시리즈 7

Pure and Simple Travel English Conversation

여행에서 경험할 수 있는 모든 영어가 여기에!

• 특별한 영어식 표현들과 문화 배우기
• 토마스와 앤더스가 겪은 흥미진진한 이야기와 여행 Tip

MP3 무료다운
jinmyong.com   AUDIO CD

저자 | Thomas & Anders Frederiksen
번역 | Carl Ahn

(주)진명출판사

(주)진명출판사

(주)진명출판사

토마스와 앤더스의

착한 서비스 영어

Pure and Simple Service English

서비스업에서 외국인 고객과 대화하는 데
꼭 필요한 영어 표현 익히기!

저자 | Thomas & Anders Frederiksen
번역 | Carl Ahn

착한 영어 시리즈 11

MP3 무료다운
jinmyong.com

당신의 인생에서 일어나게 될 변화에 대응하는 확실한 방법!

누가

Who
Moved
My
Cheese?

내치즈를
옮겼을까?

스펜서 존슨 지음 | 이영진 옮김

230만부
돌파

230만의 치즈가
이제 당신의 치즈가 됩니다.

vM (주)진명출판사